RECHERCHES

PHILOSOPHIQUES

SUR LA DÉCOUVERTE DE

L'AMÉRIQUE,

O U

DISCOURS

S U R

CETTE QUESTION,

Proposée par l'Académie des Sciences, Belles-Lettres & Arts de Lyon :

La découverte de l'Amérique a-t elle été utile ou nuisible au genre - humain ?

S'il en est résulté des biens, quels font les moyens de les conserver & de les accroître ?

Si elle a produit des maux, quels font les moyens d'y remédier ?

MANDRILLON.

Par M. J^h. M***********.

A AMSTERDAM,

Chez LES HÉRITIERS E VAN HARREVELT.

M D C C L X X X I V.

Venient annis fæcula feris,
Quibus Oceanus vincula rerum
Laxet & ingens pateat tellus,
Thyphifque novos detegat orbes,
Neque fit terris ultima Thule.

SENEC.

PRÉFACE.

Depuis la découverte de l'Amérique on a vu des savans de toutes les classes & de toutes les nations faire de cet évenement important le sujet de leurs discussions : mais aucun jusqu'à présent, si l'on en excepte MM. Raynal & Robertson, ne m'a paru l'avoir considéré sous le vrai point de vue philosophique.

Cette découverte présente à l'esprit une carriere immense à parcourir, des obstacles infinis à surmonter. D'un côté, l'aspect d'un nouveau monde enrichi des productions les plus brillantes de la nature, séduit & frappe d'admiration. De l'autre, un peuple nombreux, encore dans son enfance par rapport aux progrès du génie, laisse entrevoir à l'homme sensible tous les devoirs pénibles de la civilisation. Les biens & les maux, également répandus sur la terre & continuellement en conflict les uns avec les autres, ne permettent guere à l'homme qui en est le jouet, de montrer quel est le résultat de cette découverte pour les deux hémispheres. Le philosophe, peut être le plus en état d'en faire la recherche, a senti toute la difficul-

té de l'entreprise. Content de proposer à
son siecle cette question importante & d'en
soumettre l'examen à une célebre Académie,
il veut laisser sans doute à d'autres la
gloire du succès. Il y a, je l'avoue, de
la témérité dans un homme peu exercé,
d'entreprendre cette solution, mais comme
elle intéresse tous les amis de l'humanité,
cet intérêt seul réclame l'indulgence en faveur de ceux dont les connoissances trop
bornées n'auront pu percer le nuage qui
leur dérobe la vérité.

Incapable de présenter mes idées dans
un stile brillant, je me suis contenté de
les rendre avec précision & simplicité.
S'il s'en trouve une seulement dont il
puisse resulter quelque bien, je serai assez
payé de mes recherches & de mon premier essai.

DISCOURS

SUR

CETTE QUESTION:

La découverte de l'Amérique a-t-elle été utile ou nuisible au genre humain?

S'il en est résulté des biens, quels sont les moyens de les conserver & de les accroître?

Si elle a produit des maux, quels sont les moyens d'y remédier?

Effodiuntur opes, irritamenta malorum.

OVID.

EXAMEN DE CES QUESTIONS.

UNE matiere si importante, qui tient si fort aux qualités physiques & morales des premiers navigateurs qui découvrirent cette partie du monde & des hommes qui y furent successivement envoyés pour y faire observer les loix européennes, exige préliminairement le développement des sections suivantes.

A 2

1°. Quels font les maux que cette découverte a produits?

2°. Quels font les avantages que l'humanité en a retirés?

3°. Quels font les réfultats d'une jufte comparaifon de ces maux & de ces biens?

On fent que dans la fomme de ces biens & de ces maux, l'on doit faire entrer non-feulement les maux paffés & actuels, mais encore les biens & les maux futurs que cette découverte peut produire. C'eft d'après ce réfultat qu'on connaîtra les moyens de conferver le bien & d'obvier au mal.

PREMIERE PARTIE.

Avant de donner la nomenclature doulou-reufe des maux, il n'eft pas indifférent de rechercher d'abord:

Quel fut le but qu'on fe propofa en cher-chant a découvrir un nouveau continent?

Quels moyens l'on prit pour foumettre ces peuples & conferver cette conquête?

La découverte d'un Nouveau-Monde à l'occident du globe, furpaffe toutes celles que les Portugais peuvent avoir faites dans l'Afrique & même dans les Indes. A l'éclat de ces navigations hardies, Colomb sentit se réveiller en lui le desir de pénétrer dans cette région inconnue en faisant route à l'Ouest. Il part & quand il croit toucher aux Indes, arrive au continent de l'Amérique. Telle au moins paroît avoir été la véritable cause de son entreprise. De tous les événemens, il n'en est aucun qui ait excité plus d'étonnement & d'admiration.

Si l'on considere l'espace que l'Amérique occupe sur le globe, qu'elle prépare naturellement la connoissance de terres encore inconnues (*), on est tenté de croire qu'un jour nos neveux, guidés dans l'objet de leurs recherches par l'histoire de nos entreprises & par nos lumieres, annonceront enfin à leur siecle ce passage si desiré de la mer du nord à celle du sud, ou probablement des terres qui le rendent impossible. On sent d'après ces réflexions seules, combien cet évenement peut devenir nécessaire & essentiel aux peuples de l'Europe.

Le motif principal qui porta les hommes à chercher un Nouveau-Monde, ne paroît

______

(*) Peut-être un 3ᵉ monde.

pas avoir été celui d'y porter les germes de
la félicité, ou d'y aller puiser les moyens
de devenir meilleurs. Si ce principe eût été
le mobile des découvertes, on ne se feroit
pas attaché à parcourir seulement les côtes,
on auroit cherché à pénétrer avec soin dans
l'intérieur des terres : & l'étude des hommes
auroit été l'objet le plus important; mais depuis
plus de deux siecles & demi que les Européens
ont doublé le cap méridional de l'Afrique, &
qu'ils ont porté le commerce dans la plupart de ses ports, ils ont trop négligé les
recherches utiles dans ces contrées intérieures.
Quoique les missionaires jésuites les aient tra-
versées en plusieurs endroits de l'est à l'ouest,
& qu'il y ait même encore actuellement des
voitures réglées qui transportent des marchandises du Paraguay au Pérou, nos connoissances
à cet égard sont toujours très-bornées. Cette
seule remarque suffit pour montrer que l'esprit
de commerce & l'espoir du gain ont été les
seuls motifs de ces voyages. De tout tems,
l'avarice & l'ambition ont étouffé l'amour du
bien public. Le plus grand nombre de ceux
qui par leur influence & leur autorité auroient
pu répandre ces heureuses dispositions, n'y
ont pas mis assez de prix : c'est l'histoire

morale de tous les âges & de tous les peuples. En effet, le bonheur de l'humanité, tant vanté, tant prêché dans les ouvrages anciens & modernes, ne se présente encore à nous que comme une ombre qui nous échappe à l'instant que nous essayons de nous en saisir.

Si l'on excepte Colomb, l'esprit naturellement inquiet des premiers navigateurs en Amérique, la soif brûlante des richesses plus encore que de la célébrité, ont toujours été le véhicule puissant de leurs tentatives. Ils n'ont considéré cette région que comme le centre des plus riches métaux, &, pour s'en rendre maîtres, ils ont fait autant de victimes ou d'ennemis qu'ils y ont trouvé d'habitans. On ne peut disconvenir que des souverains ou des compagnies particulieres ne se feroient jamais déterminés à favoriser, à seconder les projets de ces aventuriers, s'ils n'eussent espéré, par l'augmentation de leurs richesses ou de leurs possessions, trouver un ample dédommagement aux risques & aux dépenses qu'exigeoit une pareille entreprise. Cette assertion paroîtra plus vraisemblable, si l'en réfléchit sur les prérogatives & les bienfaits dont la cour d'Espagne gratifia Colomb.

ainſi que ſes deſcendans, pour le récompen-
ſer de ſes ſervices & de ſes conquêtes, prérogatives & bienfaits qui n'ont pu être accor-
dés que dans l'eſpérance d'un avantage dont
on ſe faiſoit une idée bien plus grande. Il ſuit
de ces réflexions préliminaires, que l'amour
des richeſſes, joint à l'ambition de devenir
plus puiſſant & de commander à des peuples éloignés, pouvoit ſeul déterminer à ces
riſques & à ces dépenſes. D'ailleurs, le ſiecle
de Colomb n'étant point encore aſſez éclairé
pour ſecouer les chaînes du fanatiſme & de
la ſuperſtition qui tenoient l'Eſpagne aſſujétie,
c'eût été révolter tous les eſprits de propoſer
la découverte d'un Nouveau-Monde, uniquement pour porter à des peuples nouveaux
les principes d'un bonheur dont on n'avoit
pas d'idée, & d'une religion dont on défi-
guroit le caractere auguſte. Auſſi, Colomb,
bien ſupérieur à ſon ſiecle, ne préſenta ſes
projets que ſous l'unique point de vue d'en-
richir la patrie qu'il venoit d'adopter. Sans
cela, comment auroit-il pu triompher des
obſtacles des courtiſans, diſſiper les craintes
d'Iſabelle, & braver le mépris inſultant de
ſes miniſtres? mais il eût l'habileté d'intéreſſer
la gloire de l'une en flattant l'ambition des

autres. Il eſt même apparent que ſans ces ſages meſures, ce grand homme n'auroit jamais pu mettre ſes vaſtes projets à exécution, & qu'il auroit emporté dans le tombeau ſes connoiſſances & ſes moyens. De tels obſtacles euſſent peut-être retardé de quelques fiecles la découverte de l'Amérique: je dis de quelques fiecles, parce que la nature, avare de ces génies créateurs, n'en offre que très-rarement à l'univers pour opérer ces révolutions qui l'étonnent & l'inſtruiſent (1).

---

(1) Sur quelques relations fabuleuſes, on a prétendu que les Phéniciens & les Carthaginois avoient voyagé en Amérique; mais cette opinion eſt auſſi peu fondée ſur les monumens hiſtoriques que ce qu'on a dit de nos jours des prétendues navigations des Chinois vers les plages du Mexique & du Perou. A l'époque de 1491 les Chinois n'avoient fait aucun voyage de long cours. Leur ignorance géographique étoit même ſi grande que l'iſle Formoiſe qui n'eſt cependant qu'à dix-huit lieues de leurs côtes, leur étoit inconnue : ſans nos miſſionnaires ils n'auroient pas même aujourd'hui la carte de leur empire. On ne ſauroit donc ſans injuſtice diminuer par ces ſuppoſitions la gloire que Colomb mérite à tant de titres. Il n'eſt donc pas apparent que l'Amérique ait été peuplée par les Chinois. Les Péruviens, il eſt vrai, leur reſſemblent en bien des points; mais comment peut-

Grand homme ! Si des demeures céleftes où tes vertus & ton courage ont dû te placer, tu daignes agréer mon foible hommage,

---

on croire un moment, qu'ils aient fait le trajet immenfe par mer de la Chine au Pérou ? S'il y a un peuple en Europe qui ait effectivement fréquenté quelques côtes de l'Amérique feptentrionale avant Colomb, ce ne peut être que les Islandois & les Norwégiens, puifqu'on ne fauroit difconvenir que les uns & les autres n'aient fait avant le XVe fiecle des établiffemens au Groënland, regardé aujoud'hui comme une partie du nouveau continent. Mais il en eft des Groën-landois comme des Kamfchatkadales chez qui les glaces empêchent de voyager fort avant dans les terres & d'avancer beaucoup vers le pole. Ces obftacles, joint à la dureté continuelle du climat, fuffifoient pour rebuter les navigateurs les plus déter-minés qui auroient voulu faire des découvertes. Enfin, de quelque maniere que l'Amérique ait été peuplée, de quelque maniere qu'elle ait pu communiquer dans le principe avec un autre continent, dont peut-être elle fut féparée par de violens tremblemens de terre ; de quelqu'ignorance dont on puiffe accufer fes habitans lors de la découverte, il eft certain que ces peuples méritoient d'être mieux connus & plus épargnés. Quand nos voyageurs feront plus occupés du defir d'étudier & de connoître les hommes que d'amaffer des richeffes, ils tenteront des voyages dans l'intérieur de l'Amérique ; peut-être y trouveront ils des peuples nombreux & civilifés, des royaumes puiffans, & nos doutes feront levés.

Colomb, la justice que je te rends sera pour moi un des devoirs les plus doux ! Le ciel en te formant te destina à nous ouvrir des routes nouvelles sur l'océan : c'étoit sans doute pour former les liens de fraternité entre les deux mondes ! Si tes destins eussent été couronnés par des succès plus heureux, tes desseins moins traversés, & ta vie plus longue, tu nous aurois enseigné l'art de faire de ces peuples, un Nouveau - Monde d'amis ; mais tant de gloire ne pouvoit embellir les jours d'un seul homme. Tu devins victime de ta confiance & de la basse jalousie des courtisans ; ton ouvrage, continué par des mains moins habiles, au lieu d'être achevé & perfectionné, ne fut plus, qu'une opération hérissée d'obstacles toujours renaissans & accompagnée de maux dont le souvenir seul attendriroit les cœurs les plus durs & les plus insensibles.

Quand la découverte de l'Amérique seroit un mal pour l'Europe, nous ne devrions pas moins respecter la mémoire de Colomb, parce qu'il n'a jamais terni sa gloire par des actions indignes d'un grand homme ; loin de lui en imputer la cause, nous n'en devons accuser que notre imprudence & notre méchanceté. Si cette découverte eft un bien, il a de nouveaux droits à nos hommages & à notre reconnoiffance.

Après avoir montré le but qu'on fe propofa dans la découverte d'un nouveau continent, voyons, pour parvenir au développement des maux qui en refulterent, quels moyens l'on prit pour foumettre ces peuples, & conferver cette conquête.

Si l'on eût fuivi le fyftême de Colomb, l'on n'auroit employé que les moyens les plus doux ; mais bientôt fon autorité fut méprifée, & l'on ne mit en ufage que ceux dictés par la barbarie, l'inhumanité & la plus infatiable cupidité. La plus grande partie des peuples indigenes (2) fut ex-terminée, & l'on réduifit le refte à un efclavage odieux qu'on augmenta par le tranfport des negres.

Chriftophe Colomb, revêtu des pouvoirs les plus étendus, s'occupa du foin de con-ferver les terres dont il venoit de prendre

____

(2) Ce fera toujours de ce peuple indigene dont je voudrai parler dans la fuite de ce difcours, foit que je me ferve du terme d'*Américain* ou d'*Indien*.

poſſeſſion au nom de ſon ſouverain, & d'y faire adopter & chérir les loix de ſon nouveau gouvernement. Semblable à un pere de famille qui veille au bonheur de ſes enfans, ce ſage légiſlateur fit publier divers réglemens aſſignant aux Américains le genre d'occupation à laquelle ils pouvoient être propres. Il ſe portoit ſucceſſivement dans les divers diſtricts pour les encourager au travail; la douceur fut toujours le moyen dont il ſe ſervit pour ſe faire obéir, & s'il s'en écarta quelquefois, ce fut par un principe d'ordre, de prudence & de juſtice, plutôt que de ſévérité. Les momens de repos étoient employés à cultiver leurs eſprits, à éclairer leurs conſciences dans les voies du ſalut. Pendant le ſéjour de Colomb, les Américains furent traités avec bonté; la préſence du chef en impoſoit à ceux qui, moins humains que lui, auroient pu abuſer de leur autorité & de la foibleſſe des Indiens. Tout enfin paroiſſoit promettre à cet illuſtre navigateur l'avenir le plus flateur & le plus conſolant; heureux d'avoir augmenté les poſſeſſions de ſon maître ſans effuſion de ſang, content des réglemens qu'il avoit faits pour maintenir le bon ordre & l'harmonie la plus heureuſe,

il crut pouvoir retourner en Espagne pour
rendre compte de ses opérations. On eût
dit, quand il partit, qu'il emportoit avec lui
tout le bonheur des Américains: ils suivoient
tristement des yeux le vaisseau qui le portoit,
mais quand la rapidité de sa course le leur eut
entierement dérobé, un secret pressentiment
s'empara de leurs esprits & sembloit leur annoncer tous les maux. Ce pressentiment
hélas! n'étoit que trop vrai.

A peine Colomb eût-il quitté l'isle d'Hayti,
que les premiers Espagnols qu'il y laissa,
furent les premiers tyrans qui souillerent
cette contrée malheureuse. Toutes les loix
humaines furent méprisées, le despotisme le
plus cruel adopté, & l'arrêt de mort pron-
noncé contre tous les Américains.

Séduits par l'appas de l'or, unique but de
leurs recherches, les Européens ne virent
dans les propriétaires de ce riche métal que
des hommes d'autant plus indignes d'en jouir,
qu'ils n'en faisoient d'autre usage que celui
auquel nous destinons le cuivre ou le fer.
Ces peuples attachoient si peu d'importance
à cette riche, mais funeste production, que
négligeant de l'aller puiser dans le grand
foyer des mines, ils ne daignoient ramasser

que celui que les torrens détachoient de la maffe & entraînoient après eux dans les plaines. L'Américain, naturellement bon, doux & confiant, quand on n'étouffe pas en lui ces heureufes qualités, enchanté de prévenir les Européens & de fatisfaire leur impatiente avidité, s'empreffa de leur découvrir la fource de ces tréfors immenfes que la terre recéloit (3). Mais, que cette condefcendance

---

(3) Dans toutes les excurfions des Efpagnols en Amérique, on les a continuellement vus guidés par le defir de fe procurer de l'or. Que l'on réfléchiffe fur le courage de Balboa & de fes compagnons, lorfqu'inftruits par un cacique qu'il y avoit un pays peu éloigné du Darien où ils étoient alors, qui produifoit une quantité immenfe d'or & de perles, fans être rebutés par les fatigues & les dangers d'une marche longue & pénible, épuifés, tombant prefque d'inanition, rien ne fut capable de ralentir leur projet, tant la foif de l'or leur faifoit braver toutes les fouffrances. On eût dit, à les voir affis fur ces mines précieufes, qu'ils en faifoient leur fubfiftance. Quand la nouvelle de cette découverte parvint en Efpagne, elle y produifit une auffi grande joie que celle qu'on avoit éprouvée lors de la découverte du Nouveau-Monde; la fermentation fut fi grande dans les efprits, qu'il s'enfuivit une émigration confidérable. On vit jufqu'à 1500 gentilshommes abandonner leur patrie pour aller dans un pays où la renommée publioit qu'il n'y avoit qu'à jeter les filets dans la mer pour en retirer de l'or.

coûta cher à ce peuple! Elle devint le principe & la caufe de tous leurs malheurs, en même tems que de la décadence de l'Efpagne. Si les Efpagnols euffent mieux connu leurs intérêts, ils fe feroient contentés de former avec les Indiens des liaifons conformes aux loix de l'humanité, en établiffant entre eux une dépendance & un avantage réciproque : les échanges des manufactures d'Europe contre l'or & l'argent brut des Indes auroient été utiles & avantageux aux deux nations, & les heureux fruits de cette confiance mutuelle auroient été la fource & la bafe d'une intimité dont l'Espagne auroit tiré les plus brillans avantages. Le fang des deux nations, au lieu d'arrofer les champs de l'Amérique auroit été épargné, & le Mexique ainfi que le Pérou feroient également tombés au pouvoir de l'Efpagne : quelle différence de gloire & de profpérité pour cette puiffance ! Elle auroit vu les rois & les empereurs de ces regions lointaines apporter leurs richeffes au pied du trône d'Efpagne ! N'eût-il pas été plus doux, plus avantageux de rendre ces fouverains tributaires, que de les égorger pour fatisfaire la plus indigne avidité & la plus cruelle des dominations, que de prétendre régner fur des terres arro-

fées

fées de fang, & fur des palais reduits en cendres !

Mais, au mépris des loix divines & humaines, les officiers de Colomb braverent la honte dont ils fe couvroient, & la crainte même des châtimens qu'ils méritoient : malheureufement perfuadés que les Indiens n'étoient que des hommes avilis & dégradés par la nature, entierement privés des dons les plus ordinaires à la qualité d'hommes, ils ne les regarderent que comme des brutes, & les traiterent comme tels. Le foldat, efclave par fubordination, & moins éclairé que le chef, devint machinalement l'inftrument de la barbarie de celui-ci & fut dupe de fon propre aveuglement. L'exploitation des mines étant l'unique objet des Européens, on les vit condamner à ce travail de mort ces habitans timidés & dociles : privés de la lumiere du jour dans ces gouffres creufés par l'avarice, ces malheureux Indiens ne revoyoient le foleil que pour fe montrer mutuellement leurs larmes. Replongés de nouveau dans ces abîmes, fouvent le pere périffoit à côté du fils fans avoir au moins la confolation qu'il lui fermât les yeux... C'eft dans ces antres ténébreux que fut enfevelie la plus grande partie des natifs. Qu'on juge de la douleur de ceux qui venoient remplacer les premieres victimes, lorsqu'avant d'arracher l'or des fentes des rochers, ils devoient ou porter les cadavres de leurs proches hors de ces souterrains infects, ou les fouler aux pieds pour obéir à l'avide impatience des barbares qui sans cesse les harceloient. Bientôt tout le pays devint un désert. La plupart des habitans préférant la misere à l'esclavage, quitterent leurs maisons, leurs propriétés, pour s'enfuir dans le fond des forêts, dans des montagnes inaccessibles où la rigueur du climat les rendit sauvages. Heureux encore de n'être pas arrêtés dans leur fuite, car *Las Casas* dit qu'il a vu cinq caciques brûlés pour s'être enfuis avec leurs sujets.

Tel est le tableau de la conduite que tinrent les officiers de Colomb pendant son absence. Le mal étoit déjà trop enraciné & la plaie trop profonde, pour que Colomb par son retour pût y porter du remede. Cette terre qui peu d'années auparavant, avoit été pour lui la récompense de son courage, de ses talens & de son humanité, cette terre dont le premier aspect lui fit verser des larmes de joie, & sur laquelle enfin il avoit fondé ses plus belles espérances, cette terre dont les habitans lui étoit fi chers, ne paroît plus à fes yeux que couverte de morts & de mourans; ce n'eft plus qu'un défert jonché de membres & d'offemens épars. Au bruit de fon retour les Indiens quittent leurs travaux, accourent au rivage & femblent en l'abordant lui redemander un pere & un vengeur. Le refte de ces malheureufes victimes ne s'offre plus à fes yeux que comme des fpectres hideux dont les larmes & l'abattement femblent lui reprocher d'avoir ofé franchir les limites que le ciel paroiffoit n'avoir mis entre eux & lui, que pour en interdire à jamais la communication. Emu, pénétré d'un fpectacle fi touchant, Colomb tombe évanoui; rappelé quelques momens après à la vie par l'abondance des pleurs qui fe font paffage, il paye à la nature le tribut que lui rend dans la douleur & l'amertume toute ame tendre & compatiffante. Mais ranimé par fon courage, il cherche les moyens de réparer ces injuftices & ces barbaries en faifant féverement punir les coupables.

Tandis qu'il vengeoit ainfi l'innocence opprimée, dont il fe déclaroit le pere & le protecteur, la baffe jaloufie, l'envie & la calomnie le peignoient à la cour d'Efpagne comme un tyran, un ambitieux, un homme indigne des faveurs & des bontés du souverain. Bientôt on obtient du prince, ou plutôt on lui arrache les ordres les plus précis de s'en faifir & de le conduire en Efpagne pour examiner fa conduite & lui faire fon procès. En conféquence, de vils miniftres fe tranfportent dans le Nouveau-Monde, & à la honte de l'efpece humaine, ils ofent charger de fers le mortel dont elle devoit le plus s'honorer. Qu'on fe réprefente ce grand homme fi respectable & fi digne d'être refpecté, Colomb qui méritoit des ftatues, accufé d'un crime qui n'étoit pas le fien, fe voir conduire comme un criminel devant des juges iniques qui connoiffoient fon innocence! Qu'on fe repréfente cet homme célebre, traîné honteufement devant un fouverain qui auroit dû ceindre fon front du bandeau royal & l'affocier au trône. Mais, fans égard à fes fervices & fes vertus, il fut traité comme coupable. En récompenfant Colomb, la gloire du monarque auroit été auffi grande, auffi méritée que le fera dans tous les fiecles celle de ce navigateur à jamais célebre. Cette injuftice fut en quelque forte le préfage fatal de toutes les barbaries dont ce malheureux pays devoit être le théâtre.

Je passe sous silence les autres événemens de la vie de Colomb, quelque intéressans qu'ils aient été jusqu'à sa mort, parce que ces détails sont très-connus, & que je n'écris point la vie de ce grand homme. Je me bornerai, sans m'arrêter aux dates, à rapprocher les actions des Européens dans le Nouveau-Monde; car, malgré mes regrets & ma sensibilité, je dois exposer encore certains traits qui mettent un grand poids dans la balance des maux. J'en appelle à vous, Montezuma, Guatimosin, Atahualpa, victimes infortunées des Cortez des Pizarre & de leurs successeurs.

Les efforts des Caciques, pour se soustraire aux horreurs de la tyrannie & recouvrer leur liberté, occasionnerent de nouvelles scènes de désolation & accélererent l'entier esclavage des Américains. Parcourons les fastes de l'histoire; nous verrons avec douleur, que ni l'esprit de bienfaisance & d'humanité, ni le caractere sacré de la Religion (1), encore moins le désir

____

(1) Plusieurs historiens qu'on ne peut soupçonner de vouloir flatter Isabelle, s'accordent à dire que le principal motif des encouragemens que cette reine donna à l'expédition de Colomb, fut le désir d'étendre la foi chrétienne, de porter la connoissance de la vérité & des consolations à des peuples privés des

d'éclairer l'Amérique , d'en rendre les habi-
bitans plus heureux, n'ont dirigé le projet de
faire des découvertes. L'or feul enchaînoit
tous les efprits & dirigeoit toutes les opérations. *Auri facra fames.......!*

Depuis le golfe de la Trinité jufqu'aux ex-
trémités du Mexique , la dépopulation fut
prompte & confidérable (1). Les Efpagnols

---

lumieres de la religion. Mais l'évenement répondit
fi peu à ces intentions chrétiennes que, s'il n'eft pas
permis de révoquer en doute le témoignage de ces
hiftoriens, il faut convenir que les fouverains font
rarement obéis quand ils commandent le bien, furtout
quand l'ambition & la cupidité étouffent dans les
miniftres de leurs volontés tous les principes de juftice
& d'humanité, & qu'ils peuvent en impofer à leurs
maîtres par de perfides rapports. Auffitôt que
le cri des opprimés vient frapper leurs oreilles, les
fouverains doivent penfer qu'ils font fervis par des
traîtres. Il eft de leur devoir & de leur réligion de
remonter à la fource du mal. C'eft alors qu'ils doivent
févir contre les coupables & n'accorder leur confiance
qu'à des hommes integres dont ils fe font affurés:
s'ils ne veulent ou n'ofent réprimer ces abus, ils
n'en font pas moins refponfables à leur fiecle & à
la poftérité.

(1) Las Cafas dit qu'en parcourant toutes les petites
ifles Lucayes il n'y trouva qu'onze habitans, refte de
plus de cinq cents mille ; il compte plus de deux millions
d'hommes détruits dans Cuba & dans Hifpagniola & dix
millions dans le continent. *Voyez la note page* 31.

& les Portugais porterent à l'envi dans ces ré-
gions nouvelles avec tous les fléaux qui déso-
loient l'Europe, l'exemple de tous les crimes.
D'un côté je vois des hommes autant pervers
qu'avilis, commander une multude d'aventuriers encore plus pervers & plus vils; des loix
de sang, & des réglemens infâmes autoriser le
vol, le brigandage & la cruauté; d'un autre
côté le foible Indien courbé sous le poids des
travaux, succomber à la fatigue & périr sous
les coups de fouets de ses barbares tyrans.
Ici ce sont des milliers de malheureux que
l'on force à excaver les plus hautes montagnes pour en tirer ce métal funeste, cause
toujours renaissante de désordre & de divi-
sion ; ce sont des rochers qui, impregnés
des larmes, des sueurs & du sang de ces victimes, semblent perdre leur dureté naturelle
pour offrir plus promptement à l'œil les
richesses qu'ils recellent, principe unique
de leur malheur & de leur servitude.   Là
c'est le rafinement des suplices exercés sur des
créatures innocentes, qui déjà dévorées à demi
par des chiens dressés à ces horreurs, se
voient ensuite mourir à petit feu sur un bu-
cher qui leur sert de sépulture.   Partout ce

font des campagnes fertiles entierement dé-
vaftées, des villes réduites en cendres, des
citoyens autrefois heureux & paifibles qui, dé-
nués de fecours & d'afile, perdent leur droits
& leur liberté ; des trônes renverfés, des
temples profanés, des rois égorgés fous le
diadême, des enfans poignardés fur le fein
palpitant de leurs meres, des prêtres maffa-
crés ou brûlés fur les autels mêmes qui fer-
voient à leurs cultes, à leurs facrifices. En
un mot, les Européens fe font fouillés de
tant de crimes dans cette partie du monde,
que près de trois fiecles n'ont encore pu effa-
cer ni adoucir ces barbaries aux yeux de la
poftérité. Telle fut la conduite que tinrent
les vainqueurs du Nouveau-Monde: & tels
furent les moyens dont ils fe fervirent pour
s'affurer la poffeffion entiere de leur conquête.
Enfin, le fang ne ceffa de couler que lorfqu'il
ne refta plus de victimes ou de réfiftance. Le
refte infortuné de ce peuple indigene ne pouvant plus fuffire aux befoins des Européens,
il falut s'occuper des moyens de remplacer
ce vuide affreux, & ces moyens furent de
même un crime de leze-humanité. L'im-
portation des negres dans cette région mit

de comble & le dernier fceau à la perverfité du cœur humain.

Il importe infiniment à la fuite de ces réfultats d'examiner les conféquences qu'ils eurent refpectivement pour l'Amérique & pour l'Europe : commençons par l'Amérique.

Nous venons de voir que la cupidité des Européens fut la premiere caufe des maux des Américains : mais il me refte à montrer qu'il eft des caufes encore plus grandes qui les étendirent en les perpétuant. Ce furent les loix auxquelles on affujettit cette partie du monde, & qui devinrent une fource intarissable & permanente de deftruction.

Des hommes ignorans, pareffeux & diffipés, chargés de l'adminiftration de ces nouveaux domaines, ne pouvoient fentir l'importance de leurs devoirs, encore moins le prix d'une fage induftrie & d'une culture réguliere. Auffi laifferent-ils les terres en friche, & perdirent ainfi tout ce que pouvoient leur promettre la bonté du fol & la docilité des Indiens. Uniquement occupés de l'exploitation des mines, ils facrifierent à leur intérêt particulier celui de leur patrie. La cour d'Efpagne éblouie, aveuglée par l'appas d'une moiffon abondante d'or & d'argent, que les adminiſtrateurs en Amérique faiſoient eſpérer encore plus conſidérable par la ſuite, donna volontiers les mains à toutes leurs inſinuations. Par les premiers réglemens les Indiens furent diviſés par claſſe pour les occuper plus aſſiduement au travail des mines : ces réglemens eurent lieu, malgré les réclamations de quelques individus qui en ſentoient toute l'injuſtice & l'inconvénient. Semblables à des bêtes de ſomme, l'on vit ces malheureux Indiens preſſés, pouſſés, écraſés ſous le poids des travaux.

Une conduite auſſi deshonorante ne pouvoit manquer de révolter ceux qui, par état autant que par humanité, déploroient le ſort de tant d'infortunés. Privés des conſolations de leur religion, ces malheureux Indiens en périſſant dans la miſere & les tourmens, ne pouvoient que maudire leurs oppreſſeurs, & blaſphémer contre le dieu des Européens : quelques miſſionnaires envoyés dans cette région pour y propager la religion chrétienne & diriger la conſcience de ces peuples vers ſes principes ſalutaires & conſolans, éleverent fortement la voix contre ces abus, & porterent même des plaintes à la cour d'Eſpagne. Las Caſas, l'ami des Américains, mais dont malheureuſement la politique n'égaloit pas le zele, fut de tous les miſſionnaires le ſeul qui oſa ſoutenir & défendre la cauſe des opprimés. Il le fit avec d'autant plus de confiance & de fermeté que perſonne n'étoit plus convaincu que lui de l'injuſtice des chefs de l'adminiſtration en Amérique & de la ſituation déſeſpérée de ſes habitans.

Fatigué des plaintes qui perçoient quelquefois juſqu'au trône, le roi d'Eſpagne, long-tems abuſé par des miniſtres intéreſſés à favoriſer ſourdement les rapines de leurs protégés, voulut enfin s'éclaircir ſur ces matieres pour travailler, s'il étoit poſſible, au bonheur de ſes nouveaux ſujets. Ce ſentiment, ſans doute, cette tendreſſe paternelle font honneur à ſon ame, & ſi Charles Quint, avec ſa prévoyance & ſon pouvoir n'a pu opérer ce grand ouvrage, on doit lui tenir compte de l'avoir voulu. L'idée généralement reçue en Eſpagne que les Américains étoient ignorans, méchans, indociles & ſurtout incapables de connoître, ſentir & aprécier les ineffables myſteres de la religion, contribuoit beaucoup à tolérer en Eſpagne les vexations qu'on leur faiſoit éprouver. Mais, lorſque Las Caſas eut décillé les yeux de la cour, on commença à réfléchir &

l'on vit qu'il étoit des moyens de remédier aux maux des Indiens, fans nuire aux avantages qu'on pouvoit efpérer de leurs travaux.

La caufe fut plaidée au tribunal même de Charles - Quint entre Las Cafas & Quevedo évêque du Darien : ce dernier ofa avancer & foutenir en préfence du fouverain que les Indiens étoient des brutes, des hommes que la nature avoit marqués du fceau de la fervitude. Las Cafas combattit vivement cette affertion & démontra avec évidence que ce peuple au contraire n'étoit pas moins doué des facultés intellectuelles que les Européens, & qu'en fe fervant des moyens de la douceur & de la patience, on pouvoit en faire non-feulement de bon chrétiens, mais encore des citoyens utiles. Charles - Quint, perfuadé , édifié des raifonnemens de Las Cafas, le chargea de nouveaux ordres, de nouveaux réglemens, & lui donna fes pleins - pouvoirs pour travailler au bonheur de fes nouveaux fujets. De retour en Amérique, ce généreux défenfeur s'occupa du foin de promulguer les nouvelles ordonnances & d'en faire jouir ceux en faveur de qui elles étoient formées. Mais il rencontra tant d'obftacles, tan d'ennemis puiffans, que ne pouvant furmonter les uns

& vaincre les autres, ſes plans reſterent ſans exécution. Le ſort des opprimés fut d'autant plus douloureux que, ſur le zele & les aſſurances de leur protecteur, ils avoient eu quelque lueur d'eſpérance de voir bientôt, ſi non finir leurs maux, au moins adoucir leur ſervitude. D'après cette expoſition, on ne ſauroit donc attribuer ces maux uniquement à l'intolérance, au fanatiſme des miſſionnaires, puiſqu'il paroît que pluſieurs furent les défenſeurs des Indiens & que l'avidité, la barbarie des chefs de l'adminiſtration civile en furent les cauſes principales.

Ce n'étoit point aſſez de faire de nouveaux réglemens, il eût fallu rappeler tous les hommes qui étoient ſuſpects & les remplacer par des citoyens vertueux, des juges integres dont on auroit été ſûr; il eût fallu, (s'il étoit donné à un ſeul homme, ſurtout à un roi, de bien voir & de bien juger du cœur humain) il eût fallu, dis-je, que le ſouverain, uſant de ſon autorité ſuprême, au lieu de ſe laiſſer entraîner & ſéduire par les brigues & les cabales de ſes courtiſans & de ſes miniſtres, eût dit : *je le veux*, il auroit ainſi fait taire la jalouſie, l'envie & l'inſatiable avidité, & en ſacrifiant une centaine de coupables il auroit fauvé un million d'innocens. Au lieu de ces opérations vigou-reufes, on fe contenta de recommander plus de juftice, plus de modération à ces adminis-trateurs; mais accoutumés à abufer de la con-fiance & de l'autorité du fouverain, au mépris des menaces du parti oppofé, ils n'en conti-nuerent pas moins leurs vexations. A ces vices de l'adminiftration il faut ajouter encore la maniere qu'employoient les miffionnaires pour affujettir ces peuples aux dogmes de l'Europe, en exigeant qu'ils compriffent des myfteres que les inftituteurs ne pouvoient expliquer eux-mêmes. Quoi de plus abfurde, quoi de plus oppofé à la faine raifon & à la bonté du créateur, que d'ufer de menaces & de violence pour forcer les hommes à honorer Dieu d'un culte particulier à telle ou telle fo-ciété ! Nétoit-il pas plus naturel de chercher à les leur perfuader avant de vouloir les leur faire croire ? Et ne devoit-on pas penfer qu'au défaut de perfuafion, il n'y avoit que l'empire feul de la douceur & du bon exemple qui pût établir en eux le don de la foi, don fi néceffaire & fi précieux pour les humain s, furtout pour les malheureux. Nous avons dit ci-devant, que les miffionnaires défen-

doient la cause des Indiens contre leurs op-
presseurs, & l'on auroit raison de réfuter
maintenant ce que nous venons de dire sur
la conduite peu chrétienne qu'ils tinrent en les
instruisant en matiere de religion, si l'histoire ne
nous apprenoit que dans le grand nombre de ces
instituteurs, il n'y en avoit qu'une partie naturellement portée aux voies de la douceur, &
qu'il y eut autant de factions & d'animosités
entre eux que parmi les chefs de l'administra-
tion civile. Enfin le zele immodéré de la religion, coûta presque autant de sang & de larmes aux Indiens que les chaînes du despotisme
& la tyrannie des loix. On évalue à douze
millions d'hommes le nombre des Indiens
massacrés dans le vaste continent du Nouveau-
Monde. Cette proscription, dit M. de Vol-
taire, est à l'égard de toutes les autres ce que
feroit l'incendie de la moitié de la terre à celui de quelques villages (1).

---

(1) Quoique ce ne soit point du nombre plus ou
moins grand des victimes que nous devions tirer nos
conséquences pour ou contre, il n'est pas indifférent
de rectifier cette évaluation. Quelques auteurs ont osé
la porter à cinquante millions, sans considérer que tout
l'empire d'Allemagne, l'Espagne & la France en-
semble contiennent à peine aujourd'hui ce nombre

Plûfieurs de ces malheureux, ou par igno·
rance, ou par abrutiffement, eurent à fouffrir
des maux affreux, & prefererent de mourir
plutôt que d'adopter un culte qui permettoit
tant de vexations. D'autres moins fermes &
moins courageux, mais plus diffimulés, paru-
rent être pénétrés des vérités qu'ils ne com-
prennoient pas afin de conferver par là leur
exiftence & quelque adouciffement dans les
travaux publics : c'eft de cette crainte ou de
cette néceffité, que l'on vit naître pour la
premiere fois chez ce peuple, jadis fi franc,
un mal prefque auffi funefte que la fervitude
dont il cherchoit à s'affranchir : je veux parler
de l'hypocrifie. Croiroit-on, qu'à l'exemple
des Européens, il fe fût trouvé parmi ce peuple indigene, des hommes qui donnant tout
à l'extérieur ofoient fe mentir à eux-mêmes,
fe parjurer, devenir les délateurs infâmes &

les

---

d'habitans. D'ailleurs, au moment de la découverte de l'Amérique, la population de tout le Nou.
veau-Monde ne pouvoit guere être portée au-delà
de quarante millions, ce qui ne fait que la vingtieme
partie de la totalité de l'efpece humaine dans la fuppo-
fition de ceux qui donnent à notre globe huit cents
millions d'individus.

les oppreſſeurs de leurs propres concitoyens!
C'eſt ainſi que des mains qui auroient dû
s'armer contre le fanatiſme devinrent les ins-
trumens de ſes fureurs. Non content de leur
avoir inſpiré des mœurs perverſes & perfides,
on altéra encore leur conſtitution phyſique en
leur fourniſſant en abondance des liqueurs fortes, préſent fatal, poiſon mortel, cauſe toujours renaiſſante de querelles & de diviſions
entre les familles indiennes.

Pour balancer ces maux, que n'ai-je à pré-
ſenter maintenant la ſomme des biens que cette découverte peut avoir produits à l'Amérique!
Mais, malgré mes recherches, & le deſir que
j'aurois eu d'en faire l'énumération, je n'en ai
vu d'aucune eſpece ni en morale, ni en politique pour les indigenes. Avant l'arrivée des
Européens, les peuples du Nouveau-Monde
vivoient heureux & paiſibles; leurs deſirs ne
paſſoient point les bornes de leur pouvoir. Leur
ſol, il eſt vrai, étoit en partie hériſſé de ron-
ces & couvert de forêts; la culture étoit ou
ignorée, ou négligée. Ces mêmes terres, fé-
condées par une culture reguliere, ſont maintenant des terres productrices; l'air y eſt plus
pur & plus ſalubre, le ſéjour plus agréable
& moins pernicieux. Ces peuples ignoroient

C

le fecret de forger le fer, ce qui les privoit de beaucoup de commodités & les mettoit dans l'impoffibilité d'exploiter leurs forêts, de perfectionner la culture des terres. C'eft fans doute à l'Europe que l'Amérique eft redevable de cette amélioration : mais n'eft-il pas vraifemblable que les Mexicains & les Péruviens, dont les empires étoient fi brillans, qui avoient déjà fait tant de progrès dans les arts & dans la civilifation, auroient perfectionné leurs connoiffances & communiqué leurs lumieres au refte de l'Amérique? Et certainement ces peuples n'euffent pas vendu leurs fervices auffi cherement que les Européens ; les avantages réciproques auroient été bien mieux établis & plus confidérables ; il eft donc évident que l'Amérique fauvage fe feroit tôt ou tard civilifée fans le fecours de l'Europe. Au furplus,

On ne peut defirer ce qu'on ne connoît pas ;

& l'Indien, pour être moins bien inftruit, n'en auroit pas été plus malheureux, puifque fes connoiffances lui fuffifoient pour être content. Examinons l'état des fauvages de l'Amérique, & des autres indigenes : nous verrons qu'ils ne font ni mieux inftruits, ni mieux civilifés, quoiqu'il y ait près de trois fiecles que les Européens paroiffent s'en occuper. Au contraire, ils nourriffent contre nous une méfiance naturelle & une haine implacable qui leur font tranfmifes de génération en génération (*). Ils croient, comme leurs ancêtres, que nous ne fommes venus chez eux, que pour les chaffer de leur propre domaine & détruire le bonheur dont ils jouiffoient. N'eft il pas naturel en effet qu'ils fe regardent comme les feuls vrais propriétaires de cette région immenfe, & qu'ils ne voient par conféquent en nous que d'injuftes ufurpateurs? (1).

(*) Le fouvenir feul de la perfidie des Efpagnols, lors du maffacre de la reine de Xaragua & de prefque tous fes fujets dans l'ifle de ce nom, fuffiroit pour exciter leur haine.

(1) Il eft difficile d'imaginer comment il a pu tomber dans l'efprit du pape Alexandre VI de donner au roi d'Efpagne, par une bulle de l'an 1493, tout le continent & toutes les ifles de l'Amérique. Quand il auroit fuppofé que cette partie du monde fût inhabitée, qu'ainfi la prife de poffeffion auroit paru légitime au premier occupant, encore eft-il vrai que l'on ne peut donner ni ce qu'on ne connoît pas, ni ce qui ne nous appartient pas. Il paroît, au contraire, qu'il croyoit ce pays habité & cultivé, puifqu'il fpécifie dans fa donation les villes & les châteaux, *civitates & caftra, in perpetuum, tenore præfentium, donamus.* Depuis on a vu des jurifconfultes avancer que les peuples chaffeurs de l'Amérique n'étoient pas véritablement poffeffeurs du terrein, parce que, fuivant Grotius, on n'acquiert pas la propriété d'un pays en y chaffant, en y faifant du bois,

Maintenant qu'une partie de l'Amérique eſt cultivée, que chaque diſtrict à ſes productions particulieres , dont l'avantage eſt reverſible aux deux mondes, je le demande: à qui ces productions ſont- elles utiles? Eſt ce aux peuples indigenes? Non ſans doute , puiſqu'on ne peut point appeler de ce nom ceux qui y naiſſent d'un ſang européen, & que de l'ancien peuple, il ne reſte qu'un très - petit nombre: les uns vivent ſous la dépendance européenne; les autres, attachés aux anciens uſages de leurs peres, vivent retirés & iſolés dans des bois, des montagnes & ſur des terres où les Européens n'ont point encore oſé les aller troubler. Leur méfiance pour tous les étrangers eſt même ſi grande que dès qu'ils en rencontrént quelques-uns , ils les traitent toujours comme ennemis. Ainſi la culture de l'Amérique

---

ou en y puiſant de l'eau: ce n'eſt que la démarcation préciſe des limites & l'intention de cultiver , ou la culture déjà commencée qui fondent la poſſeſſion. Ces juriſconſultes, Grotius &c. auroient dû réfléchir que les peuples chaſſeurs de l'Amérique avoient raiſon de ſoutenir qu'ils étoient poſſeſſeurs abſolus du terrein , parce que dans leur maniere d'exiſter la chaſſe équivaut à la culture, & la conſtruction de leurs cabannes eſt un titre contre lequel on ne pouvoit s'élever.

n'ayant point rendu ſes premiers habitans plus heureux, il faut conclure que le bénéfice des défrichemens n'eſt utile & avantageux qu'à l'Europe & aux Européens tranſplantés ſur cette terre : car on ne peut pas appeler indigenes ces derniers, quoiqu'ils y naiſſent, ni les negres qu'on y tranſporte d'Afrique, & qui ſont ſans propriété ni liberté : moins encore ces mulâtres, qui par leur naiſſance reçoivent un caractere d'opprobre & d'infamie, ſuite de l'union de deux individus ſans mœurs & ſans principes, union que le ciel a voulu dénoncer publiquement par cette teinte qui, en les diſtinguant, deshonore en même tems & les peres & les meres, & les fruits honteux de leur libertinage. Peut-être la philoſophie permet-elle de tolérer l'union des Européens & des negreſſes. Tous deux également émanés de la même nature, & tous deux également doués d'une intelligence particulière à leurs beſoins & à leurs devoirs, ſont des êtres également précieux aux yeux du créateur ; mais la morale & les loix de la ſociété rejettent l'idée ſeule d'un commerce illicite & contraire à la foi conjugale : funeſte déréglement qui ſe tranſmettant des peres aux enfans, perpétue ainſi de génération en génération, le crime du premier féducteur, du premier époux infidele & du premier mauvais pere.

Nous venons de montrer les maux que cette découverte a caufés à l'Amérique, le peu d'utilité qu'elle en a retiré : voyons maintenant les maux qu'elle a caufés à l'Europe.

1o. ,, Par cette découverte, la dépopulation fut confidérable en Europe, & furtout en Efpagne.

2o. ,, Les Européens rapporterent d'Amérique la maladie honteufe qui fait de fi grands ravages parmi eux.

3o. ,, La quantité d'or & d'argent qu'on en a tirés a fait hauffer le prix des chofes de pure néceffité, fans que le falaire des ouvriers ait été augmenté à proportion."

Je vais m'arrêter fur chacun de ces objets afin d'établir avec plus de clarté mes preuves & mes conféquences.

Quoiqu'il fe fut écoulé près de deux fiecles, depuis que les tréfors de l'Afie avoient féduit l'efprit des Européens & caufé une dépopulation confidérable, ce laps de tems n'avoit pas fuffi pour en réparer la perte, lorfqu'un évement qui frappa d'admiration toute l'Europe, vint augmenter d'une maniere plus fenfible

encore fa dépopulation. L'Amérique découverte, tous les fpéculateurs dirigerent leurs vues
de ce côté. La plupart n'afpirerent qu'aux
moyens d'aller faire une prompte fortune : ce
motif eſt ſi vrai, qu'il ſubſiſte encore dans
toute ſa force : l'on peut dire que ſi l'Amérique n'eût offert aucune mine, aucune de
ces productions féduiſantes pour les avides
Européens, les Americains n'auroient jamais
perdu leur liberté, pas même leur tranquilité.
C'eſt ainſi que les liens du ſang & de la patrie
furent rompus par ceux de l'ambition. Si ce
pays n'eût préſenté qu'un ſol aride, des peuples ignorans & groſſiers, aucun objet enfin
pour flater la cupidité, jamais, non jamais
les Européens n'auroient cherché à en faire la
conquête ; nous aurions, il eſt vrai, moins
de lumieres, & un commerce moins étendu,
mais en ferions-nous plus à plaindre ? Reve-
nons à ce qui fait l'objet particulier de cette
fection.

A la perte que l'Europe fit par l'émigration
de tant d'individus, ſi l'on ajoute les enfans
qu'ils auroient pu produire en s'attachant par
les loix de l'hymen à leur patrie, on fentira
encore plus combien la population dut en
fouffrir. Une partie des emigrans périſſoit

dans la traverſée, une autre ſuccomboit à l'in-
tempérie d'un climat étranger à ſa conſtitution,
& le plus grand nombre, entraîné par la douceur de la moleſſe & de l'oiſiveté, contrac-
toit un penchant ſi violent pour les plaiſirs,
que ſi la ſatiété plutôt que l'amour de la patrie
les rappeloit en Europe, c'étoit pour y con-
ſumer le reſte de leurs jours dans la diſſipa-
tion, & ſans autres ſoins, ſans autres deſirs
que de réveiller par des jouiſſances nouvelles
leurs ſens émouſſés par la débauche. Contens
d'étaler un luxe révoltant, ils penſoient peu à
des liaiſons honnêtes, encore moins au plaiſir
de donner des citoyens à l'état ; enſorte que
chaque émigrant pouvant d'après les loix
moyennes de la nature, donner au monde
quatre citoyens, il en réſultoit un déficit de
cinq perſonnes dans la population, ce qui pré-
ſente un vuide immenſe, en calculant le nombre de milliers d'Européens qui ſont allés ſe
fixer en Amérique depuis ſa découverte juſqu'à
nos jours. Pluſieurs hiſtoriens célebres s'étant
appliqués à donner des détails ſur la dépopulation de l'Europe auxquels on peut facilement recourir, nous nous croyons diſpenſés
de les rapporter. A l'égard de l'Eſpagne d'où
les émigrations ont été conſidérables, il eſt

quelques auteurs, furtout efpagnols, qui pré-
tendent que ce n'eft point à l'Amérique que l'on
doit attribuer fa grande dépopulation, mais aux
vices de la conftitution phyfique, ainfi qu'au
défaut d'induftrie nationale. Ces caufes parois-
fent probables, mais nous leur demanderons
s'il eft à préfumer que la nation efpagnole qui
découvrit l'Amérique, & que la foif de l'or
aiguillona furtout, ait eu un moindre nombre
d'émigrans que les autres nations de l'Europe?
Difons hardiment que l'Efpagne a plus perdu
de fes habitans qu'aucun autre royaume, proportion gardée, parce qu'elle a été longtems
feule maitreffe de fes découvertes, & n'a eu
de concurrens dans cette partie du monde
qu'après y avoir caufé & éprouvé tous les
maux attachés à la guerre & à l'avidité des
richeffes.

Une des principales caufes de la dépopulation de l'Europe à cette époque (2) eft cette

---

(2) Nous difons à cette époque, parce que les ravages terribles de cette maladie étant parvenus à leur
comble, il s'enfuivit une habitude moins grande de
fréquenter les lieux publics, & un motif de plus
pour le mariage. Ce feroit donc une grande
queftion à difcuter, favoir fi cette maladie peut avoir

maladie honteufe que les Européens rapporterent du Nouveau‑Monde , & qui, filtrant
comme un poifon fubtil dans le fang, fe com-
muniqua avec d'autant plus de rapidité que
l'irritation du mal dans les parties génératrices,
provoquoit encore avec plus d'empire en
eux la fureur du plaifir & accéléroit ainfi
leur perte. Il femble qu'un Dieu vengeur ait
réfervé ce fléau à l'Europe pour la punir de
fes crimes. Les deux mondes furent défolés
par ce commerce honteux & illicite. Tandis
que les Européens pompoient des Américaines
ce fuc de mort, les Américaines en reçevoient
un autre des Européens, qu'elles tranfmirent
enfuite à leur nation, & qui caufa parmi elles

----

influé dans la fuite fur la réforme des mœurs & cefſé
de nuire à la population. Il eſt certain que les femmes
publiques n'ont plus autant de partifans qu'elles en
avoient lorfque leur commerce n'offroit aucun péril.
Le nombre des célibataires étoit alors extrême, tous
les moraliftes & les hiftoriens en font des plaintes
ameres. Actuellement un homme qui ne peut malheureufement dompter l'attrait du plaifir, & qui veut mé-
nager fa fanté, eſt obligé de s'engager dans le mariage
où du moins dans un mariage apparent, d'où il fort
des rejetons, avantage que détruit la proftitution pu-
blique.

des ravages auſſi grands, que le mal vénérien:
c'eſt la petite vérole. Quand de la découverte de l'Amérique, il ne feroit pas réfulté les
cruautés inouies tour-à-tour exercées fur les
vainqueurs & les vaincus, les ravages feuls de
ces deux maladies, étoient capables de détruire un nombre confidérable d'habitans. Si le
fang des Américains n'eût pas été naturellement infecté par le germe meurtrier du mal
vénérien, la petite vérole ne leur auroit pas
été ſi funeſte : mais cette derniere maladie
achevant de détruire en eux les fucs nourri-
ciers qui temperent l'effet du mal même, il
en périt un grand nombre. On fait que parmi les Européens la petite vérole n'a jamais
de fuites funeftes pour ceux qui ont un fang
pur, mais qu'elle eſt affreuſe & mortelle dès
que la conſtitution eſt vicieuſe, même dans
les enfans.

Par fon commerce avec le Nouveau Monde,
l'Europe a acquis, il eſt vrai, une quantité immenfe d'or & d'argent. Cette acquiſition paroît au
premier coup d'œil un avantage d'autant plus
confidérable que l'on dit en général, que plus on
a d'argent, plus on a de reſſources & d'aifance:
mais les moyens, les reſſources & les richeſſes
des particuliers ne pouvant fervir de regle &

de comparaiſon pour les empires, dont la félicité ſeule fait l'objet de ce diſcours, nous allons examiner ſi cette acquiſition leur a été utile.

Depuis 1493 juſqu'en 1775, ce qui fait une période de 283 ans, la quantité d'or & d'argent que les mines du Pérou, du Mexique & du Breſil ont produites à l'Europe ſe monte à ſix (1) milliards quatre cents vingt-deux millions de piaſtres fortes, ou de 10½ réaux. Cette quantité d'argent ayant donné une grande extenſion au commerce en général, il en a dû néceſſairement réſulter une circulation qui a reflué dans toutes les parties du monde. Les différentes productions du commerce de l'Aſie ont ſurtout contribué à diminuer en Europe cette même quantité qu'elle avoit reçue de

---

(1) C'eſt au moins le ſentiment du docteur Don Sanche Moncade, après lequel M. Raynal & l'auteur du ſupplément de l'Encyclopédie d'Yverdun paroiſſent s'être réglés, qui éleve la ſomme à neuf milliards. Mais l'auteur des ſavantes recherches ſur le commerce tom. I. part. 2. chap. X. après avoir ſagement diſcuté cette matiere, trouve qu'on a fait monter beaucoup trop haut les ſommes apportées par fraude en Europe, & que c'eſt ſe rapprocher beaucoup plus de la vérité en la fixant à 6 milliards 422 millions; les raiſons m'ont paru trop concluantes pour ne pas les adopter.

l'Amérique ; faifons en l'examen. Si de ces 6 milliards 422 millions apportés en Europe par les Efpagnols & les Portugais on déduit 1375 millions pour tout l'or & l'argent envoyé d'Europe par les négocians & les compagnies commerçantes tant dans les Indes orientales, le Levant, l'Egypte & la côte de Barbarie, que dans l'Afie par les caravanes & les Rusfes, & qu'à cette exportation on ajoute 1500 millions pour l'or & l'argent travaillé & employé en meubles, ornemens, bijoux, étoffes &c, en ne l'évaluant qu'au quart ou environ, ce fera enfemble 2 milliards 875 millions de piaftres qui réduiront la fomme venue de l'Amérique à 3 milliards 547 millions de piaftres ou 19 milliards 262 millions de livres de France (2). Cette fomme prodigieufe étant venue augmenter celle qui étoit déjà en Europe avant la découverte de l'Amérique, il dut néceffairement y avoir une augmentation fenfible dans le numéraire. Elle a été telle en effet, que depuis cette époque jufqu'à nos jours, on la fuppute en Hollande en rai-

---

(2) Chaque piaftre eft comptée pour 500 as d'argent fin & la livre pour 92 as fuivant la valeur intrinfeque des monnoies actuelles d'argent dans les deux royaumes.

fon de 1 à $3\frac{1}{4}$, enforte qu'un particulier qui
avant 1493 avoit un revenu de 4000 florins,
auroit aujourd'hui en gardant la proportion
de l'augmentation dans le numéraire des efpeces
une fomme de 13000 florins. Mais le prix
des chofes ayant augmenté dans la proportion
de 1 à 12 (3), il en réfulte que ce même
particulier fe trouveroit réellement apauvri:
car avec fes 13000 florins il ne peut fe procurer aujourd'hui ce qu'il étoit alors à même
d'avoir avec fes 4000 florins: ajoutons qu'il eft
d'autant plus apauvri que fes befoins augmen-
tés par le luxe, rendent encore fes revenus plus
infuffifans.

Si les denrées de premiere néceffité n'étoient
augmentées qu'en proportion du numéraire,
& que le déficit ne fût fupporté que par les
objets de luxe & de frivolité, le mal feroit
moins grand en ce qu'il ne rejailliroit que fur
la claffe de ceux qui ne fouffrent pas. Mais,

---

(3) Il faut entendre par là que ce qui avant 1492
valoit 1 fou vaut aujourd'hui 12 fous, mais que com-
me 1 fous d'alors valoit autant que $3\frac{7}{32}$ fous d'à préfent,
le prix des chofes n'a augmenté réellement depuis cette
époque que dans la proportion de 1 à $3\frac{3}{4}$, ou pour
parler plus jufte de 1 à $3\frac{75}{152}$.

hélas! la classe la plus indigente est celle qui en est la premiere victime, puisque le salaire même des ouvriers peut fournir à peine à leur simple subsistance.

N'étant point à portée de prendre mes exemples en France, je vais offrir ceux que la Hollande me fournit; ils sont puisés dans les documens les plus authentiques, & suffiront pour démontrer ce que je viens de dire. Avant la découverte de l'Amérique, un garçon couvreur gagnoit 3 sous (argent d'Hollande) par jour avec la nourriture, ou 4 sous sans nourriture; l'argent fin étoit alors à 8 florins le marc, & ces 4 sous étoient en poids d'argent 4 esterlins ou 128 as. Aujourd'hui que ce même ouvrier gagne 20 sous par jour, l'argent fin est à $25\frac{3}{4}$ florins le marc, ce qui fait $6\frac{22}{103}$ esterlins en poids d'argent. Il résulte de ce calcul que l'ouvrier n'a réellement en poids que $\frac{57}{168}$ de plus de ce qu'il gagnoit autrefois; tandis qu'en numéraire il a réellement 4 fois plus; les conséquences sont faciles à tirer (4).

---

(4) Pour donner plus de clarté à cet exposé, entrons dans quelques détails.

En gagnant 4 sous par jour, le premier ouvrier (l'argent fin à 8 fl. le marc) gagnoit $\frac{4}{168} = \frac{1}{42}$ de marc ou 4 esterlins. Le second ouvrier en gagnant 20 sous

On vient de voir que l'on payoit 1 sou de plus par jour aux ouvriers qui préféroient de se nourrir eux-mêmes, c'est-à-dire 4 sous, ce qui sert à nous prouver que les ouvriers recevoient en proportion une plus forte paye qu'aujour-d'hui, puisque leur nourriture n'étoit évaluée que le quart de leur salaire journalier. Box-horn, historien hollandois, vient à l'appui de cette observation dans le détail qu'il donne des dépenses que pouvoit faire alors un journa-lier avec son salaire de 6 sous. Pour 2 sous (5), il

---

par jour (l'argent fin à $25\frac{3}{4}$ florins le marc) gagne $\frac{20}{615} - \frac{4}{103}$ de marc ou $6\frac{22}{103}$ esterlins. Pour voir les rapports du poids d'argent qu'a chaque ouvrier, je réduirai leur poids respectif à même dénomination $\frac{1}{40}$. $\frac{4}{103} - \frac{103}{4120}$. $\frac{160}{4120}$; ainsi les rapports sont de 103 à 160 ou, ce qui est la même chose, l'un a $\frac{103}{4120}$ & l'autre $\frac{160}{4125}$ du marc d'argent fin pour leur journée. Le second ouvrier a donc 160 contre l'autre 103 ou celui-ci $\frac{103}{160}$ de l'autre.

(5) Ces 2 sous d'alors étant de nos jours environ $6\frac{1}{2}$ sous, les 72 demi-sacs à ce prix, feront 17 fl. d'or, qui, dans la proportion de l'augmentation des choses, donnent 68 fl. d'or. On sait que dans les années abon-dantes on peut acheter du froment de qualité inférieu-re à ce dernier prix, ce qui est encore une preuve de ce que je viens de dire que l'augmentation des cho-ses a été de 1 à $3\frac{1}{4}$, au lieu que le salaire ne l'a été que dans la proportion de 1 à $1\frac{1}{2}$.

il pouvoit acheter environ un demi fac-de
froment, & maintenant avec les 20 fous qui
font le prix ordinaire des journées, il peut fe
procurer à peine le tiers d'un fac de feigle, qui,
à 84 florins d'or le laft de 36 facs, fait 65 fous
pour un fac. Si la denrée la plus néceffaire
à l'homme differe auffi prodigieufement en prix
de la valeur du falaire, combien à plus forte
raifon les autres denrées moins urgentes, mais
abfolument néceffaires, doivent-elles augmenter fa détreffe.

Ainfi la quantité d'or & d'argent venue de
l'Amérique en Europe, loin d'avoir produit
un bien à l'efpece humaine, n'en a que plus
accéléré la mifere, parce que nous n'avons
pas eu affez de prudence & de fageffe pour
prévoir toutes les viciffitudes dont nous avons
été accablés. Les efpeces d'or & d'argent
devant fervir de fignes dans les échanges, on
auroit dû prévoir que lorfqu'on altéroit ou
diminuoit les fignes, il étoit abfolument néceffaire que le prix des chofes variât en proportion, & que la progreffion de la valeur de
l'un répondît précifément à la progreffion du
prix de l'autre.

Mais la caufe qui fait altérer le figne, produit dans les fociétés tant de changemens qui

D

tous ont leurs rapports avec le prix des chofes, qu'il eût été bien difficile de parer aux inconvéniens qui en font réfultés. D'ailleurs, le prix des denrées n'ayant éprouvé dans l'origine que des changemens très-lents, ils ont été prefqu'imperceptibles, & n'ont frappé que par la fucceffion des tems. Les fouverains en permettant dans leurs Etats, l'altération dans les efpeces, n'ont augmenté leur avoir que pour le moment feul de l'opération; & bientôt retombés dans leur ancienne indigence, ils n'ont pu remonter aux fources du mal, parce qu'il avoit déjà jeté de trop profondes racines. Ajoutons que moins un empire altere fa monnoie, plus il eft riche & plus fon crédit eft folide.

Pour nous tirer du cahos affreux des maux caufés par la découverte de l'Amérique, nous avons été obligés de partager ce fujet, malheureufement trop abondant, en plufieurs branches différentes; mais hélas! la fomme des biens eft fi petite que nous n'avons à les préfenter que fous un feul point de vue. Heureux, fi ces biens font fuffifans pour adoucir par leur utilité les tableaux affligeans que nous venons de tracer!

SECONDE PARTIE.

Quels biens la découverte du Nouveau-Monde peut-elle avoir procurés?

„ Tous ces biens confistent dans l'acquifition des productions principales de l'Amérique,
tels que le caftor, l'indigo, les bois de teinture, la cochenille, le coton, le cacao, le
fucre, les plantes médicinales, l'or, l'argent,
les perles & les pierres précieufes, articles qui
ont donné la plus grande extenfion au
commerce. Nous devons furtout à l'Amérique nos progrès dans la géographie, la construction des vaiffeaux, la navigation, l'aftronomie & l'hiftoire naturelle.”
La plupart des productions de l'Amérique
font à la vérité des objets qui nous feroient
inutiles fans le luxe : car ils font ou indifférens
ou inutiles aux befoins de l'humanité, mais
puifque le bonheur des hommes tient fi fouvent aux chofes de pur agrément, nous fommes forcés de confidérer certaines productions
comme faifant partie de la félicité de l'homme,

tant il eſt vrai que l'empire de l'habitude peut
devenir un beſoin de premiere néceſſité.

Le caſtor eſt de tous les animaux de l'Amérique celui qui a le plus exercé l'eſprit du philoſophe, il eſt auſſi celui qui approche le plus de
l'homme par ſon intelligence & par ſon industrie. Doué d'une patience & d'un principe
d'ordre peu commun, ſes travaux font notre
admiration. Comme nous il a un penchant
pour la ſociété, & paroît avoir fait à cet égard
plus de progrés que le ſauvage avec qui il vit.
Pourquoi faut-il que les folies du luxe aient
porté l'homme à briſer les édifices admirables
qu'il conſtruiſoit pour ſa ſureté, & qu'il ait
porté le fer & le feu chez cet animal indus-
trieux? Pourquoi faut-il que dans la nature
une eſpece ne puiſſe ſubſiſter qu'au détri-
ment de l'autre? Le Caſtor avoit fait des
progrès dans les arts, dignes de notre admiration, mais la cupidité a fait taire ce ſentiment, & la beauté de la peau de cet animal
a cauſé tous ſes maux. Nos fabriques enri-
chies de cette précieuſe dépouille, paroiſſent
lui devoir le degré de fineſſe & de perfection
qu'elles ont aujourd'hui. Le Caſtor eſt utile
aux vieillards par ſa chaleur naturelle, agréable aux riches par ſa ſoupleſſe & ſa beauté,

falutaire aux infirmes par les propriétés qu'on lui attribue, ce qui fait qu'il eft extrêmement recherché. Mais le commerce, qui atténue tout en voulant tout étendre, a employé le Caftor en tant d'objets différens, qu'il eft méconnoiffable par la quantité de mélanges qu'on lui a affimilés. La connoiffance du Caftor a perfectionné nos fabriques de draps & de chapeaux par les foins que nous avons pris d'imiter fa couleur naturelle, jufqu'au point même de tromper les yeux ; le tact feul nous eft refté pour diffiper l'erreur. Ainfi tout ce qui peut contribuer à perfectionner notre induftrie eft un bien, & c'eft fous ce feul point de vue qu'il faut confidérer celui que le Caftor peut avoir procuré à l'Europe.

Avant Chriftophe Colomb, l'Europe tiroit fon indigo de l'Indoftan, mais depuis l'époque de fes voyages, la bonne qualité de celui du Nouveau-Monde lui fait donner la préférence. Comme les bois de teinture, il eft un objet effentiel au commerce. On a trouvé par la décompofition de cette plante & de ces bois, un moyen admirable & facile de colorer & d'embellir nos marchandifes.

La Cochenille, cet infecte deffeché qui nous eft apporté du Mexique, s'emploie avec

fuccès dans la teinture en écarlate, au cra-
moifi, & fert à faire le carmin. Cette fécule
d'un rouge tendre fi amie de l'œil, fi précieufe en peinture, fi propre à nuancer, rehauf-
fer par une heureufe illufion les foibles couleurs de la pommette des joues de quelques
dames, ajoute une nouveau prix à cette production: c'eft à la toilette qu'on admire cet
art: c'eft là que le pinceau armé du carmin,
devient rival de la nature. On a calculé qu'il
entroit en Europe chaque année huit-cents
quatre-vingts milles livres pefant de cochenille, dont on évaluoit le commerce à plus
de quinze millions tournois année commune.
A mefure qu'on a fu varier les couleurs &
les nuances, que nos modes & nos goûts
leur ont donné un plus grand mérite &
un plus grand prix, la confommation en a
été plus grande. C'eft à cette facilité de
varier & de nuancer les couleurs que la
France eft redevable de ces ouvrages ma-
gnifiques & immortels, dont l'art eft porté à
un tel degré de perfection, que même il féduit
l'homme prévenu. Sans le fecours des bois
de teinture, les tapifferies des Gobelins, malgré l'habileté des ouvriers, ne feroient point,
comme elles font, l'admiration de l'Europe

entiere. Au reste, ces propriétés sont trop connues pour qu'il soit nécessaire de m'étendre davantage sur ce sujet. Passons à l'article du coton.

Plus doux & plus poreux que le fil de chanvre, le fil de coton est plus susceptible de s'impregner des couleurs & de prendre les nuances dont on veut le revêtir : sans cela, comment serions-nous parvenus à imiter les toiles des Indes ? Il est vrai que l'art du teinturier y contribue pour beaucoup, parce que c'est la solidité & surtout l'éclat des couleurs qui font qu'on y attache plus de prix. Mais cet art eût été sans succès, si le fonds de l'étoffe n'y eût essentiellement contribué. Le coton, de quelque maniere & pour quelque usage qu'on le fabrique, conserve longtems sa blancheur & sa souplesse, deux causes qui contribuent à le rendre un objet considérable de commerce. Il est d'autant plus précieux à l'industrie, que le besoin qu'on en a, entretient continuellement la plus grande émulation dans les villes qui se font comme exclusivement approprié cette branche de commerce.

Le cacao, nouvelle production pour nous, est d'un usage si commun qu'il seroit superflu d'entrer à cet égard dans quelques détails.

L'habitude où l'on eſt aujourd'hui du choco-
lat dans toute l'Europe a rendu ce fruit très-
recherché.

La quantité de ſucre que produit l'Amérique
ſuffit pour approviſionner toute l'Europe. Cette grande abondance en a conſidérablement
diminué le prix, & fait entierement tomber
celui que nous recevions auparavant des grandes Indes. Cette denrée, qui reçoit chaque jour
de nouveaux accroiſſemens par l'uſage immodéré qu'en fait le luxe, forme aujourd'hui une
branche conſidérable de commerce en Europe.

Parmi les plantes médicinales de l'Amérique
il en eſt peu, ſi j'oſe m'en rapporter à l'avis
d'un médecin connu par ſes talens & ſa phi-
lantropie, qui ne puiſſent être remplacées par
celles de l'Europe, ſi l'on en excepte le kin-
kina, la racine de jalap, & le bois de quaſſi,
dont la médecine ſe ſert dans des cas particuliers, avec des ſuccès connus. La premiere
de ces productions eſt d'un ſecours ſi grand
dans la médecine, qu'elle peut balancer à cet
égard, les avantages que procurent le mercure,
l'opium, la rhubarbe & l'ipécacuana, dont
l'Europe étoit auparavant en poſſeſſion.

Le commerce doit à la découverte de l'Amérique, une étendue, une énergie qu'il n'auroit jamais eu autrement, & le commerce de-

venu par le relâchement des mœurs le nerf &
la richeffe d'un Etat, en maintient la profpérité s'il ne furpaffe pas les moyens qui doivent le
foutenir: il en eft donc réfulté que la nation
qui a le plus de moyens pour augmenter
fes rapports avec le Nouveau - Monde, a
dû devenir auffi la plus puiffante: j'en excepte l'Efpagne & le Portugal, parce que ces
deux royaumes n'ayant qu'un fol pauvre &
peu cultivé, peu ou point de manufactures &
de productions territoriales, ils n'ont pu foutenir longtems la concurrence des nations in-
duftrieufes : c'eft en vain qu'on y voyoit re-
fluer le produit des mines du Nouveau-Monde.
Cette poffeffion a feule détruit l'émulation, &
augmenté le nombre de bras inutiles ; auffi font-
ce ces deux royaumes qui ont le plus fouffert
par la quantité d'or & d'argent qu'ils ont reçus.
Je n'entends par commerce que l'exportation
des productions & marchandifes de l'Europe
échangées contre celles de l'Amérique, dont
le luxe rendoit la poffeffion néceffaire (6).

---

(6) On m'objectera comment une chofe inutile &
même pernicieufe peut rendre l'acquifition d'une autre
chofe néceffaire. A cela je répondrai que l'émulation
dans les arts rend le luxe utile.

Un pareil échánge produit sans doute une circulation plus abondante , une aisance plus générale , en même tems qu'il occasionne , soit par les émigrations , soit par un plus grand besoin d'industrie , une diminution sensible & considérable dans la classe des gens désœuvrés, qui ne sert jamais qu'à appauvrir & déshonorer un Etat. Un autre bien que la découverte d'un Nouveau-Monde a procuré au commerce, c'est d'avoir donné une nouvelle vie à tous les genres d'industrie de l'Europe. A mesure que ce commerce réciproque s'est étendu ; que les voyages ont été plus fréquens ; le nombre des vaisseaux plus grand , il a fallu pourvoir à un plus grand nombre de denrées & d'objets, pour approvisioner & armer les navires. Les terres ont été mieux cultivées ; beaucoup ont été défrichées, & le cultivateur assuré d'une consommation plus grande , a redoublé de soins pour augmenter son bien-être.

Le commerce entretient une activité nécessaire à l'homme, augmente ses connoissances, guérit ses préjugés, le rend plus communicatif & plus humain. Le commerce nous procure la plupart de nos agrémens, augmente notre population, fait naître les sciences & les

arts, & devient la source de l’abondance & de
la prospérité des Etats bien gouvernés.

L’or, l’argent, les perles & les pierres précieuses font autant d’objets utiles au commerce. Ces riches productions, que le luxe,
la fantaisie ont fait monter à un prix exhorbi-
tant, nous ont mis plus à même de nous procurer les productions & manufactures des
Indes, que nous ne pouvions avoir avant
d’être en possession de ces riches métaux. Ces
productions & marchandises des Indes impor-
tées en Europe, occasionnent une circulation
d’autant plus grande, qu’elles procurent au-delà
du double de la valeur premiere, excedant qui
n’apauvrit ni la nation, ni le commerce, puisque le bénéfice reste dans l’Europe, & sert à
se procurer de nouveau & avec plus d’aisance
les moyens d’augmenter les importations en ce
genre. Si nous n’eussions eu dans le commerce,
ni perles, ni pierres précieuses, & moins d’or
& d’argent pour employer les uns & les autres
à flater le goût, fournir à la magnificence
des souverains & des cours, la possession de
ces métaux ne seroit dans les mains du négo-
ciant ou des compagnies qui les procurent à
l’Europe, qu’un surnuméraire indifférent au
commerce & à l’art. Mais avec le secours

d'un artifte intelligent, ces matieres brutes fe
métamorphofent, & prennent un éclat, un
brillant qui en augmentent prodigieufement la
valeur premiere. C'eft de ce changement
opéré par l'art, & de cette augmentation cau-
fée par le fafte, que réfulte une activité immenfe dans le commerce, & une circulation
d'efpeces qui répand l'aifance parmi ceux
qui en font leur principal objet. C'eft
encore un moyen pour conferver & repré-
fenter, en un très-petit volume, un capital
confidérable.

Le commerce de l'Europe s'eft encore enrichi d'un trés-grand nombre d'articles dont il
étoit privé avant la découverte du nouveau
monde. La nature, toujours fage dans fes dis-
tributions, a donné à chaque région des propriétés qui lui font particulieres. Les forêts de
l'Amérique produifent en abondance pour la
conftruction des vaiffeaux, des bois que ceux
de l'Europe ne peuvent furpaffer ni même
égaler; de ce nombre font l'Acajou, le bois
de fer & furtout l'Acomat qui caché en terre
ou expofé à l'air, fe conferve longtems, fans
fouffrir des vers, ni de l'humidité: tel eft encore le Mapou dont le tronc de 4 à 5 pieds
de diametre fur une fleche de 40 à 50 fert à

former des canots d'une seule piece. Ces forêts de bois de construction sont d'autant plus
précieuses pour l'Europe, que sans leur secours, notre marine éprouveroit une disete &
un dépérisement sensible. Qu'on suppose en
effet, qu'il n'y ait dans cette partie du monde
aucun bois propre à la construction des vaisseaux, il s'ensuivroit une perte si considérable pour l'Europe, que faute de pouvoir réparer les navires délabrés par les tempêtes, ou
usés par vétusté, les voyageurs éprouveroient
une perte de tems irréparable, s'ils étoient
obligés d'attendre ces secours de l'Europe.

Les produits de la chasse & de la pêche en
Amérique, sont de plus, des secours très-essen-
tiels à l'Europe ; la premiere, en augmentant nos
fourrures procure encore à nos artistes plusieurs
objets également de commerce & de curiosité.
Les produits de la seconde, par la diversité des
poissons qui peuplent les mers, offrent une
carriere immense à l'industrie ; les uns nous
fournissent leurs huiles & leur graisses, en
même tems que la chair marinée ou séchée des
autres devient une provision précieuse pour
les gens de mer. Sans ce puissant secours ils
seroient souvent exposés à périr dans les horreurs de la famine au milieu d'un voyage,

dont le but auroit été de rapporter dans leur patrie des lumieres & des connoiſſances utiles. Ces ſecours m'ont paru trop eſſentiels pour les paſſer ſous ſilence, quoiqu'en général on ne les conſidere pas comme tels.

L'activité & l'émulation dont les ſciences ont beſoin, les ſecours de toute eſpece que les hommes retirent de la perfection des ſciences, ne pouvoient qu'augmenter par la découverte de l'Amérique. Les hommes auroient honte ſans doute de ne pas connoître le globe qu'ils habitent; or, qu'étoit la géographie à l'époque de 1492?

La ſcience de la navigation, qui réunit les hommes de tous les pays, n'a commencé à ſe perfectionner que depuis la découverte de l'Amérique. Le beſoin d'entreprendre des voyages plus longs, & de diminuer les dangers de la mer, néceſſita un examen plus réfléchi de la conſtruction des vaiſſeaux; la ſphere du génie s'aggrandit, & la réforme fut générale dans les chantiers; les vaiſſeaux moins lourds & plus ſolides, marcherent avec plus de rapidité. Ces progrès s'étendent juſqu'à l'agrément, & dès lors il y eut un luxe particulier pour les navigateurs, qui, à quelques commodités près, ont ſur l'océan celles dont ils ont coutume de jouir dans leur patrie. Mâts, voiles, cordages, tout fut calculé & foumis aux proportions ; & des regles certaines, invariables devinrent la bafe & le principe de toutes les opérations de l'architecture navale. La manœuvre des vaiffeaux ne fut point oubliée, on connut la maniere de les diriger avec fureté, promptitude & facilité. La tactique fut employée avec art pour attaquer & défendre ; tout devint pour les marins l'objet d'une théorie lumineufe & d'une pratique favante. La fcience des longitudes en mer, par le moyen de la lune & des machines d'horlogerie, a produit l'amélioration des cartes marines, la connoiffance des vents, des courans, des bancs de fable, des giffemens des côtes. Enfin, c'eft du nombre & du réfultat des obfervations qu'on a faites fur mer, que l'on eft parvenu à voyager fur cet élément prefqu'auffi facilement que fur la terre (7).

______

(7) Si le génie parvient à perfectionner l'admirable invention de MM. de Montgolfier, à diriger dans l'air les Aéroftats, comme les vaiffeaux fur mer, peut-être verra-t-on des favans propofer à leurs contemporains la folution du même problême qui fait l'objet de ces recherches.

Si Colomb dut à l'aftronomie les certitu-
des qu'il avoit de découvrir un nouveau continent, ou d'arriver aux Indes par cette même
route, l'aftronomie doit à cette découverte
une partie de fes progrès. Dès 1671. M.
Richer alla à Cayenne pour y connoître les
réfractions, l'obliquité de l'écliptique; en
même tems il y fit des remarques fort intéres-
fantes fur la longueur du pendule à fecondes,
& dès lors l'on commença à foupçonner l'a-
platiffement de la terre. Des académiciens
célebres furent envoyés en 1735 fous l'équa-
teur pour mefurer les degrés du méridien, &
déterminer la figure de la terre. Au moyen
de ces obfervations, on eut une connoiffance
plus exacte des mouvemens céleftes.

Les paffages de Vénus fur le foleil obfervés
en Amérique en 1761 & 1769 nous ont appris la véritable diftance du foleil & de toutes
les planetes à la terre, par conféquent leurs
grandeurs, leurs forces attractives, & toutes
les circonftances du fyftème du monde. Il
ne faut que parcourir l'aftronomie de M. de
la Lande, pour voir combien les obfervations
faites en Amérique on fervi aux progrès de
cette fcience.

C'eft en Amérique où l'on a obfervé la loi

des

des dilatations de l'atmofphere, par le moyen des hautes montagnes du Pérou. M. Bouguer y trouva une méthode fimple & commode pour mefurer les hauteurs par le fecours du barometre. C'eft dans le même pays qu'il obferva la force attractive des montagnes par la déviation latérale du fil à plomb, ce qui conftata d'une maniere vifible la loi générale de l'attraction. Les obfervations du flux & du reflux de la mer qu'on y a faites, ont montré l'univerfalité & les circonftances de ce phénomene important dans la phyfique & le fyftême du monde.

La Botanique a pris une face nouvelle & s'eft enrichie furtout par les obfervations faites fur les plantes de l'Amérique par Cornuti, Barelier, Plumier, Catesby, Gronovius, Juffieu, Commerfon &c. On ne pouvoit fe flater jufque-là de connoître l'étendue de la nature & de fes productions, tant dans le regne végétal que dans le regne animal. Il eft inutile même de remarquer combien l'hiftoire feule des quadrupedes, donnée d'une maniere fi complette par M. de Buffon, avec les additions auffi curieufes qu'intéreffantes de M. Allamand, profeffeur de Leyde, renferme d'efpeces fingulieres originaires de l'Amérique.

E

TROISIEME PARTIE.

Quels font les réfultats à tirer d'une jufte comparaifon de ces maux & de ces biens ?

Après les expofés que je viens de préfenter des maux & des biens que la découverte de l'Amérique a occafionnés aux deux hémispheres : il me refte à plaider la caufe de l'humanité & celle des arts & des fciences. Au premier coup d'œil, on voit avec douleur que les hommes ne font redevables d'un plus grand nombre de lumieres qu'à des caufes qui font rougir l'humanité. Pour être plus inftruit, l'homme eft-il donc plus heureux & meilleur ? Cet examen feul doit décider la queftion, ou faciliter au moins les moyens de la réfoudre.

Si les arts & les fciences ne peuvent fe perfectionner, s'agrandir, qu'en augmentant la fomme des maux, il vaudroit mieux fans doute pour les hommes qu'ils fuffent plutôt heureux que favans ; l'acquifition la plus précieufe peut-elle compenfer une feule goute de fang ? Qu'importe à l'univers que

Rome ait un tableau de plus parmi ſes chef-
d'œuvres, ſi elle n'en doit la poſſeſſion qu'à un
forfait! Excuſerions - nous ce peintre inhumain
& perfide, qui, dit - on, pour rendre avec
plus de vérité les pâleurs de la mort, tandis
qu'il poignardoit d'une main ſon ſemblable,
traçoit de l'autre avec un enthouſiaſme barbare
l'expreſſion de la douleur & du trépas! Telle
eſt la vanité des hommes que, pour acquérir
de la célébrité, ils mépriſent tout ce qui tient
à la pudeur, à la vertu.

J'oſe le dire: la découverte de l'Amérique
eſt un mal; jamais les biens qu'elle peut
avoir fait naître (ſous quelque point de vue
qu'on veuille les enviſager & les peindre) ne
pourront compenſer la ſomme du mal qu'elle a
cauſé (8).

------

(8) Un tel aveu ſans doute eſt pénible pour une
ame compatiſſante qui ne peut être accuſée de pré-
vention. S'il eſt douloureux pour l'humanité que les
paſſions des hommes empoiſonnent continuellement les
biens dont elle pourroit jouir, il n'eſt pas moins honteux pour l'eſpece humaine que les hommes qui méritent le plus de jouir de leurs travaux & de leur gloire,
deviennent par ces mêmes cauſes victimes de l'audace
& de la jalouſie, & périſſent dans l'infortune & l'aban-

L'Amérique aura longtems encore à souffrir des suites du despotisme affreux que les Européens y ont exercé. Le peu de soins que l'on prend de travailler à sa population, aux progrès de sa culture, & surtout à ceux de sa civilisation, ne permet pas d'espérer que jamais les Européens aient le bonheur & la gloire de triompher des obstacles & ramener dans l'es-

---

tion. Les faits que je viens de présenter ne sont point d'imagination, l'histoire les constate. Qui les révoquera en doute? Qui oseroit les justifier? Les fastes du monde ne parlent d'aucun siecle plus célebre que celui de Colomb, & plus funeste en même tems par la soif immodérée des richesses. Que les noms de Colomb & de Gama sont grands dans l'histoire! Ils rappellent les deux plus belles entreprises dont l'esprit humain puisse se glorifier. Tandis que le premier conduisoit les Espagnols au-delà de l'océan occidental, jusqu'à cet hemisphere inconnu qu'il leur avoit annoncé; le second alloit avec les Portugais chercher de nouvelles terres au-delà des mers de l'Inde & de l'Afrique. Tous les deux enrichirent leurs souverains; tous les deux en furent payés d'ingratitude.

Jamais les élans du génie n'ont opéré une révolution aussi étonnante dans les destinées de l'univers & pour les générations futures, qu'à cette époque à jamais mémorable. Rien ne prouve mieux que la richesse & la célébrité supposent le bonheur, & ne le donnent pas.

prit des fauvages difperfés dans l'intérieur des terres, cette confiance naturelle qui fait la bafe de leur caractere primitif. Ce ne fera point eux qui rendront floriffans les pays qu'ils ont dévaftés. Dans l'ombre du filence, les deftins préparoient une révolution qui devoit étonner l'un & l'autre hémifphere. Un peuple enchaîné dans les entraves d'un monopole tyrannique la devoit annoncer au nom précieux de la liberté. Ce feront les colonies indépendantes qui auront la gloire de civilifer le refte de l'Amérique. Leur puiffance s'accroîtra par degrés; (9) d'autres colonies fuivront cet exemple, & l'on verra dans cette partie du monde autant d'états différens & civilifés que dans l'Europe.

Le fouvenir des maux des Européens fervira probablement un jour d'exemple à de nouveaux navigateurs & de nouveaux conquérans dans leurs découvertes & leurs conquêtes. Ils auront appris de nous que ces peuples inconnus ou foumis font d'autant plus dignes de

---

(9) Difons même, avec rapidité: partout où la culture des terres eft une loi fondamentale, il s'enfuit toujours une grande population, fource féconde & permanente de force & de profpérité.

leurs ménagemens que ces découvertes & ces conquêtes portent toujours atteinte à leur félicité, quelque médiocre ou bizarre qu'elle puisse paroître.

Suivant le caractere & l'éducation des Américains, avant que leur pays nous fût connu, ils jouissoient sûrement comme nous d'un bonheur qui leur étoit propre & qui nous étoit étranger, car la nature étant universellement la mere & l'institutrice du genre-humain, autant il y a de conditions différentes parmi les hommes, autant il y a de manieres de jouir, & d'être heureux. Chaque pays, chaque peuple, chaque individu sur la surface du globe a ses biens & ses maux qui lui sont particuliers & analogues à son existence. Ce qui constitue la félicité de l'un fait souvent le tourment de l'autre. Le philosophe est heureux dans la solitude, l'homme du monde, au contraire, est malheureux s'il est seul. Il suit de ces vérités, que les Européens, en voulant rendre les Indiens heureux à leur maniere, n'ont fait que leur malheur. Si dans l'état où sont les choses, les premiers pouvoient réparer les maux qu'ils ont soufferts & fait souffrir aux seconds, ce seroit au moins un adoucissement pour les uns & les autres. Ils pourroient, au moyen d'une réconciliation sincere se féliciter, des connoissances qu'ils n'au-

roient jamais acquifes fans la découverte de
l'Amérique , & fe confoler de les avoir fi ché-
rement achetés , par l'efpérance de les voir
fervir à la félicité commune. Mais, loin de
pouvoir remédier à ces maux , à peine les
Européens font-ils capables d'en diminuer les
triftes effets : à peine les biens même qu'ils
ont acquis, font-ils fuffifans pour balancer la
fomme de ceux après lesquels leur inquiétude
& leur ambition les fait foupirer fans ceffe.
Telles font les funeftes fuites de la poffeffion ;
plus les defirs ont été grands, moins l'on jouit
de ce qu'on poffede.

Selon l'opinion généralement reçue , il regne
dans la nature un équilibre parfait entre les
biens & les maux, & fi cet équilibre ne paroît pas tel à quelques individus, c'eft que ces
biens & ces maux font indifféremment répandus fur la terre, & qu'accoutumés à fe faire
un bonheur idéal, les hommes fe croient toujours plus malheureux qu'ils ne font. Ils fe
familiarifent fi bien avec ce qu'ils poffedent,
que la fatiété fuit de bien près la jouiffance.
Telle eft la caufe de la plupart des maux dont
l'homme eft continuellement tourmenté. Dès
que nous reconnoiffons ces vérités pour exac-
tes, il eft facile de fe peindre combien les

Indiens, réduits par la force, ont dû souffrir de nos vexations : nous avons tellement augmenté leur maux que nous les avons contraints, par la privation, de regarder comme un bien ce dont ils n'apperçevoient pas la jouiſſance. Ils n'ont appris à aimer leur patrie, à chérir leur liberté, que lorſqu'ils ont été privés de l'une & de l'autre. Enfin, hommes & animaux, les Européens ont mis tout à contribution.

Dans l'énumération des biens que cette région nous a procurés, ſi l'on en excepte les ſecours que la géographie, la navigation & l'aſtronomie en ont reçus, je n'en trouve aucun dont l'Europe n'eût pu ſe paſſer : on ſera d'abord étonné de ce que j'avance, mais il s'agit d'en faire l'examen.

L'Europe eſtelle plus heureuſe avec les productions que l'Amérique lui a fournies & ne pouvoitelle pas aiſément s'en paſſer ? De ce que plus le commerce eſt étendu, plus grande eſt la circulation, il ne s'enſuit pas qu'on augmente les reſſources d'un Etat en proportion de cette extenſion. C'eſt par ſa trop grande extenſion que nous perdons le fruit de ſes premiers avantages. Quand le commerce eſt parvenu à ſon dernier période, il commence à nous rendre eſclaves des ſu-

perfluités (10), de l'opulence , de l'avarice;
& les hommes écrasés fous le poids du luxe,
amollis par la délicateffe & les rafinemens de
tout genre, perdent le goût des bonnes mœurs;
bientôt corrompus & corrupteurs, ils mépri-
fent la vertu & renverfent ainfi les fondemens

---

(10) Heureux, dit on, le laboureur, s'il favoit
jouir! Plus heureux, dirai je, le commerçant s'il
favoit ce que vaut la médiocrité! au lieu de devenir
l'efclave de l'ambition, de confumer fes jours à groffir
un tréfor que des ingrats & des fainéans diffiperont
bientôt, il fe borneroit au plaifir de travailler pour
vivre, au lieu de vivre pour amaffer. O précieufe médiocrité, dans toi feule eft le vrai bonheur! Bornée
d'abord au néceffaire honnête, fi tu defires plus d'aifance, c'eft pour en répandre le fuperflu fur les malheureux, & non pour les accabler comme la dédaigneufe
opulence. L'homme de bien qui chérit la médiocrité,
fait que fi l'induftrie augmente les richeffes, elle augmente auffi l'amour de l'argent: cette paffion favorite
de l'imagination qui nuit tant au fentiment, eft peut-
être de toutes, la plus dangereufe & la plus incurable.
C'eft dans les grandes villes de commerce qu'il faut
obferver les viciffitudes de l'ambition; c'eft-là où les
jaloufies, les haines excercent toutes leurs fureurs,
c'eft là que le riche croit avoir droit d'infulter par
fon fafte à la médiocrité de fon voifin, & qu'oubliant
ce qu'il peut devenir par les revers, il fe targue d'un
bonheur momentanné; c'eft là où l'on peut aifément
fuivre la naiffance, les progrès & les fuites du luxe
& de la corruption des mœurs.

E 5

des vrais principes. Sans ces rafinemens ,
qu'avoient befoin nos fabriques de la riche
dépouille du Caftor ou de tel autre animal :
en fommes-nous mieux couverts, & la toifon
de nos brebis, le poil de nos animaux d'Europe n'auroient-ils pas fuffi ?

Nos artiftes par leur habileté & le mélange de
nos couleurs, n'auroient-ils pas pu fupléer
la cochenille & l'indigo ? Et que fert à l'humanité que nos peintres & nos teinturiers aient
une ou deux couleurs de plus, un plus beau
rouge ou un plus beau bleu que ceux dont ils
étoient auparavant en poffeffion ? — Nos
dames en feroient-elles moins aimables, notre
amour moins tendre, nos paffions moins vives
pour elles fi elles n'avoient point de fard ?
Peut-être que privées de ce fecours impofteur,
elles feroient plus en garde contre les effets
pernicieux des veilles & des mêts recherchés
qui portent fi promptement atteinte à leurs
charmes, & font naître les rides dans l'âge
où les rofes ne devroient que commencer à
s'épanouir. Charmantes villageoifes , j'en
appelle à la fraîcheur de votre teint ! Il eft
pour nous une preuve parlante que rien n'eft
plus beau que la fimple nature. — Sera-ce

le coton qui paroîtra une riche acquifition ? Qui fait fi fa découverte & fon ufage n'ont pas fait négliger les expériences qu'on auroit pu faire fur le chanvre & le lin à qui certainement le coton a fait tort. Sans lui, peut-être, on auroit déjà trouvé, comme on le trouvera peut-être un jour, le moyen de préparer le fil d'une maniere à lui donner autant de chaleur, de foupleffe & de blancheur ; trois propriétés qui feules ont fait la réputation du coton.

A l'égard des bois de teinture, on ne peut difconvenir combien ils nous font utiles ; mais on ne peut en regarder la poffeffion comme néceffaire à l'homme, dès-lors qu'ils ne fervent qu'à des objets abfolument fuperflus. — La conféquence que nous avons tirée fur l'ufage du cacao, fuffit pour montrer qu'il nous eft inutile. — C'eft encore à notre exceffive fenfualité que le fucre doit fa plus grande confommation. Nos peres en ignoroient l'ufage & s'en paffoient fans effort : le travail de nos laborieufes abeilles leur fuffifoit & vraifemblament nous préférerions le miel au fucre, fi nous étions affez fages pour ne pas multiplier nos befoins par de nouveaux defirs, & réfifter au penchant pernicieux de boire des liqueurs.

Ajoutons que la culture du sucre (11) a nui prodigieusement au produit des terres en faisant tomber celui des ruches à miel. Cette denrée & le café, dont les récoltes Américaines ont beaucoup augmenté la consommation, ont fait un tort infini aux boissons nationales & par conséquent à l'industrie, sans compter le tort fait à la santé.

Quant aux plantes médicinales, ne seroit-il donc pas possible que des médecins habiles & laborieux se passassent de celles qui nous viennent de l'Amérique? Nos corps ne sont-ils pas conformés actuellement comme ils l'étoient il y a trois siecles: au défaut de remedes, nos anciens & célebres médecins se sont-ils plaints qu'ils manquoient de secours pour soulager les hommes; bien loin de remarquer qu'il périssoit plus de personnes alors, on peut observer que l'homme étoit d'un tempérament plus robuste & vivoit plus longtems. Etoit-ce donc parce qu'on avoit moins de remedes & moins de luxe dans l'art de la médecine? On me répondra que si les hommes sont moins robustes & leur vie moins longue,

---

(11) Je passe sous silence la culture du tabac.

il ne faut en accuſer que le déréglement de leurs mœurs, je l'accorde : mais quelle eſt la plante ſalutaire de l'Amérique qui a rétabli leur débilité ou prolongé leurs jours; qu'on la nomme?

Quant au quinquina, on pourroit deman-der ſi la providence a mis la fievre en nos climats, & le remede en Afrique?

S'il étoit vrai que le bonheur des humains conſiſte dans les richeſſes, l'extraction ſeule des métaux & des pierres précieuſes, ſuffiroit pour nous faire regarder la découverte de l'Amérique comme le plus grand des biens : mais, hélas! c'eſt du ſein de l'abondance & du luxe que ſont ſortis la plupart des maux qui dé-ſolent la ſociété. On penſeroit que les mines de l'Amérique, en enrichiſſant l'Europe, y auroient répandu plus d'aiſance, plus de proſpérité; loin de là, nous en avons démontré tous les funeſtes effets, ſurtout pour la claſſe la plus pauvre & la plus laborieuſe.

Pour ce qui eſt de la géographie, la navi-gation & l'aſtronomie, nous ne pouvons dis-convenir que ce ſont des biens ſi utiles au dé-velopement de l'eſprit humain, qu'ils ſeroient ſeuls capables de balancer la ſomme des maux cauſés par la découverte de l'Amérique, ſi l'on pouvoit se familiariser avec l'idée qu'il vaut mieux que les hommes soient savans qu'heureux. Mais, qui oseroit le dire ? Quel est l'homme réfléchi qui ne voit pas combien la marche du mal est prompte & rapide, & combien au contraire, la marche du bien est lente & tardive.

Il me reste à parler de l'histoire naturelle. L'Europe s'est enrichie d'un nombre prodigieux d'oiseaux, d'animaux & de plantes dans tous les genres, dont nous n'avions aucune idée, & qui tous ont servi à étendre nos connoissances sur les productions de la nature. Jusqu'à présent la curiosité seule y a gagné, puisqu'il importe peu pour notre bonheur, que nos herbiers soient plus complets & nos cabinets plus riches en productions froides & stériles. A dieu ne plaise que je veuille considérer le travail des naturalistes comme inutile ou indifférent ! Bien loin de là, je conviens qu'il est toujours beau, toujours intéressant d'acquérir de nouvelles productions : mieux on connoît la nature, mieux on peut suivre sa marche. Dailleurs, quand il ne résulteroit de l'aspect de ces variétés admirables d'animaux, de végétaux & de minéraux répandus

fur la terre par les mains bienfaifantes du créateur, qu'un refpect plus profond & une reconnoiffance plus grande de notre part, le
travail feul de ces naturaliftes célebres fuffiroit
pour nous confoler en partie des maux du
Nouveau - Monde.

„ Pour conferver & pour accroître les biens,
caufés par la découverte de l'Amérique :" il
faut les apprécier & ne point en abufer.

En les appréciant, il eft néceffaire d'encourager l'agriculture dans toute l'étendue des
terres qu'on y poffede, d'y maintenir des
hommes integres & doux pour diriger les
travaux, & de payer affez généreufement leur
zele pour qu'ils n'aient d'autres foins, d'autres
defirs que le bien public; d'y établir des ins-
pecteurs intelligens & honnêtes pour préfider
aux récoltes, à leur chargement pour l'Europe. L'exactitude de ces hommes employés
devant être néceffairement juftifiée par des
examens publics, on évitera les dangers des
connivences & des infidélités. Afin de ré-
compenfer le zele & le défintéreffement de ces
infpecteurs, le gouvernement leur offrira l'al-
ternative ou de refter en place ou de fe retirer
au bout d'un terme fixé dans leur patrie avec

dés honoraires honnêtes. Un autre objet que les puiſſances de l'Europe ne doivent point perdre de vue, c'eſt qu'auſſi longtems qu'elles poſſéderont quelques domaines dans cette partie du monde, elles s'attachent ſur-tout à civiliſer les peuples ſauvages, & qu'à force de douceur, de patience & de bien-faits, elles méritent en retour une confiance entiere de leur part. Il importe eſſentielle-ment au bien de tous que l'on faſſe quelques réformes dans les loix & les réglemens parti-culiers à l'Amérique, que les droits de l'hom-me y ſoient mieux établis, plus aſſurés & les rapports plus utiles pour les deux hémiſphe-res. Ces améliorations faites, il faudra s'occu-per des moyens de conſerver à l'Europe tous les avantages que la nature lui a départis à l'égard de ſon ſol; que ni l'empire de la mode, ni la cupidité, ni la trop grande abondance des productions de l'Amérique ne nuiſent en aucune maniere, au moins eſſentiellement, à ſa propre culture, & que le ſuperflu de ces productions n'altere point l'eſpérance & l'avan-tage du cultivateur en Europe; on ſent que le commerce & l'induſtrie ne pourra plus alors s'étendre que ſur l'excédant de ces productions

dont

dont le cultivateur & le citoyen pourront fe passer.

Les biens produits par l'Amérique une fois appréciés, il fera difficile d'en abufer, ils s'accroîtront au contraire avec rapidité, & peut-être un jour nos neveux pourront-ils dire : „ Malgré les maux caufés par le Nouveau-Monde, fa découverte cependant eft un bien." Ces biens feront exiftans, & ne feront plus chimériques. Enfin, pour conferver & pour accroître les biens que nous avons acquis, il fuffit de favoir jouir de nos connoiffances, & qu'elles ne foient plus une fource intariffable de divifions parmi ceux qui les poffedent. Il importe furtout d'apprendre à connoître dans les autres le degré de lumieres qui leur eft affigné, & de coopérer avec unanimité au progrès des arts & des fciences en général. Cette unanimité eft d'autant plus effentielle, qu'elle feroit d'un prix ineftimable pour la fociété. De même que du foyer du foleil partent fans ceffe des rayons bienfaifans qui alimentent & vivifient la nature, de même du concours heureux des favans, jailliroient fans ceffe des traits de lumiere qui diffiperoient dans le refte des hommes les ténebres de l'ignorance & de l'erreur.

Il importe beaucoup à l'humanité de trouver les moyens propres à remédier aux maux qui l'ont défolée. La tâche eft difficile. Le remede exige une réformation dans nos mœurs & dans nos propres loix. Quand nos légiflateurs feroient unanimement perfuadés de la néceffité de cette réformation, que les fouverains mêmes encourageroient ce travail, il eft douteux qu'il puiffe être porté, je ne dis pas à fa perfection, mais feulement à fon entiere exécution. Un côde univerfel auquel on pourroit appliquer des obfervations à portée d'être fuivies & pratiquées par tous les peuples qui ont des rapports en Amérique, me femble auffi peu facile que la réalité d'une paix perpétuelle. Cependant ce n'eft qu'avec une telle unanimité, un tel côde qu'on pourra effayer les moyens d'obvier aux maux de l'humanité & furtout à ceux produits par la découverte de l'Amérique. Les moyens de conferver les biens qu'elle a produits, tiennent à la même réforme.

Dès qu'il s'agît de pefer les avantages & les inconvéniens des divers gouvernemens pour en former un tout convenable à divers peuples, de dévoiler toutes les faces différentes

fous lefquelles les biens & les maux de l'Amérique fe font montrés, ce travail immenfe
n'eft point d'un feul individu; le tenter feroit une témérité. La dépravation de nos
mœurs, en nous familiarifant avec le vice, nous
rend plus enclins au mal & plus méchans.
Nous penfons que, pour jouir, il importe
peu que la paix de quelques individus obfcurs
foit troublée; & la facilité qu'ont la plupart
des hommes d'exercer des droits injuftes,
fait qu'ils comptent pour rien le bonheur
d'être juftes.

Si la plupart de nos loix n'étoient point en
contrafte avec celles de la nature, les hommes apprendroient de bonne heure à les ref-
pecter; il s'en fuivroit deux grands avantages,
une affection bienfaifante pour les malheureux,
& plus de fageffe dans la diftribution des bien-
faits; & l'on verroit régner dans la fociété,
ces liens affectueux qui, rapprochant les hommes les uns des autres, femblent n'en former
qu'une feule & même famille.

Qu'on faffe découler les loix des principes
que prefcrivent la morale & la nature, alors
les dignités, les honneurs ne feront plus que
la récompenfe du zele, de la capacité & de

la vertu de chaque citoyen : *unicuique suum*.
C'est à la science des choix que tient celle de
gouverner les cœurs & les esprits, de faire
aimer le vrai, de maintenir, d'encourager
les liens sacrés de la société, & d'en rétablir
l'harmonie, si quelque cause a pu la troubler.
En un mot, il est essentiel pour donner moins
de prise à l'envie parmi les hommes, qu'ils ne
soient estimés qu'à proportion de leurs vertus,
& réputés grands qu'à proportion de leurs
services, enforte qu'il n'y ait jamais entre
eux d'autre émulation que celle de concourir
au bien public. Pour lors l'ambition d'asser-
vir & d'opprimer les hommes seroit regardée
comme le plus grand des forfaits, & le dernier des opprobres. C'est ainsi que les égards,
les honneurs & les louanges ne seroient plus
un tribut honteux offert par les mains de
la crainte ou de la misere ; & l'orgueilleuse
opulence ne se targueroit plus des hommages
également avilissans pour l'idole & l'idolâtre.

Si les Européens eussent mieux connu la
dignité de l'homme, ils auroient été plus vertueux & plus ennemis des déprédations ; ils
n'auroient vu dans les Indiens que des freres ;
loin de les traiter avec indignité, ils se

feroient occupés des moyens de s'en faire
aimer, en leur inspirant le desir de se réunir à
eux pour ne faire qu'un seul & même peuple.
De sages législateurs, au lieu de contrarier les
loix, ou d'y déroger, ne se feroient appliqués
qu'à s'y conformer pour y puiser les maximes
qui d'un peuple sauvage peuvent faire un
peuple doux, humain, sage & heureux. Ils
auroient su que si ces Indiens, qu'il nous
plait d'appeler sauvages, ne raisonnent pas ré-
gulierement & méthodiquement des droits de
l'humanité, ils n'en ont pas moins les principes originairement gravés dans leur ame.
Les sauvages sont moins éloignés que nous
des principes d'une bonne civilisation. Qu'on
leur montre l'utilité des vertus , ils les sui-
vront avec plus de constance & de force que
nous, qui, malgré notre fiere arrogance, nos
sophismes & nos livres, sommes forcés d'a-
vouer notre foiblesse dans la pratique, & ne
rougissons pas même de justifier nos passions
par des besoins factices. Ces sages instituteurs
auroient commencé par leur apprendre qu'outre
les moyens de subsister du produit de la chasse
& de la pêche qui peuvent souvent leur manquer, il en est de plus sûrs & de moins péni-

bles, tels que la culture des terres & l'entre-
tien des troupeaux, reſſources propres à leur
procurer les commodités de la vie. Voilà ce
que les Européens auroient dû faire lors de la
découverte du Nouveau - Monde : ce ne
ſera jamais qu'en adoptant ces principes qu'ils
accroîtront les biens dont ils jouiſſent, &
remédieront aux maux qui alterent leur félicité.

CONCLUSION.

Les biens & les maux produits par la con-
noiſſance d'un nouvel hémiſphere, ne ſont
point à leur comble. Les uns & les autres
augmenteront encore, & l'on ignorera même
après bien des ſiecles, ſi l'on peut eſpérer
enfin que la ſomme des biens balance un jour
celle des maux, relativement à notre maniere
de ſentir & de jouir. En ſuivant la marche du
cœur humain, nous avons plus lieu de nous

affliger que de nous réjouir. Nos mœurs fe corrompent de plus en plus; notre conftitution s'altere de génération en génération; chaque jour nos befoins deviennent plus nombreux & plus preffans; l'amour du repos nous rend le travail plus pénible; il énerve nos corps, affoiblit les refforts de notre ame. Ce que nous aurons gagné par les arts & les fciences, nous le perdrons par notre indolence & notre frivolité. Tel eft le trifte tableau que nous devons nous faire des générations futures. Ce fera le Nouveau-Monde, jadis notre efclave, en grande partie peuplé de nos émigrans, qui viendra nous donner des fers à fon tour. Son induftrie, fa force & fa puiffance, augmenteront à mefure que diminueront les nôtres; l'Ancien-Monde fera fubjugué par le Nouveau: & ce peuple conquérant, après avoir également fubi les loix de la révolution, périra de même par les mains peut-être d'un peuple qu'il aura eu le malheur de découvrir. C'eft ainfi que les biens & les maux en fe perpétuant & ne fe féparant jamais, iront toujours

dans une inégalité apparente , étonner, fur-
prendre , au milieu de ſes méditations , le
philoſophe qui voudra les diſtinguer , les com-
parer & décider.

F I N.

PORTRAIT

DE

CHRISTOPHE COLOMB.

Les destins de Colomb furent marqués par des événemens si extraordinaires & si disparates qu'on ne sait lequel on doit plus admirer ou sa modestie au faîte des grandeurs, ou sa patience dans l'adversité. Egalement grand sous tous les points de vue, il inspire à sa postérité la plus grande vénération. Dans un siecle plus éclairé, sous un gouvernement plus juste que celui de Ferdinand, Colomb eût joui, vivant, de son immortalité. On ne peut lire sans douleur & sans attendrissement les détails de sa vie par Don Fernand son fils. Quel spectacle peut inspirer plus d'horreur pour l'ingratitude que celui où Colomb sort en cheveux blancs & les fers aux pieds de ces mêmes vaisseaux auxquels il avoit frayé la route glorieuse d'un Nou-

veau-Monde ! Enfin après vingt ans de
fervice, des fatigues fans exemple, des
fujets continuels de larmes, accablé d'années
& de maladies, la feule reffource de ce vieil-
lard vénérable pour la nourriture & le fom-
meil, c'eft-à-dire pour les befoins les plus
communs de la nature (*) fut les hôtelleries
publiques. Son chagrin fut fi vif qu'il en
mourut : il avoit alors foixante-cinq ans.

,, COLOMB étoit d'une taille haute & bien
proportionnée. Son regard & toute fa perfonne annonçoient de la nobleffe. Il avoit le
vifage long, le nez aquilin, les yeux bleus
& vifs, & le fond du teint blanc, quoiqu'un
peu enflammé. Dans fa jeuneffe, fes cheveux
avoient été d'un blond ardent ; mais la fatigue
& les chagrins les firent blanchir avant le tems.
Il avoit d'ailleurs le corps bien conftitué, &
autant de force que d'agilité dans les membres.
Son abord étoit facile & prévenant, fes mœurs
douces & aifées. Il étoit affable pour les
étrangers, humain à l'égard de fes domefti-
ques, enjoué avec fes amis & d'une admirable égalité d'humeur. On reconnoît dans les

---

(*) *Sic invidia virtuti comes.*

évenemens de fa vie, qu'il avoit l'ame grande
& forte, l'efprit fécond en reffources, le cœur
à l'épreuve de tous les dangers. Perfonne ne
poffédoit mieux que lui le ton de l'éloquence
du commandement. Il parloit peu & avec
grace. Il étoit fobre, modefte dans fon ha-
billement, plein de zele pour le bien public
& pour la religion. Il avoit une piété folide,
une probité fans reproche, & l'efprit orné
par les fciences." Si des défauts légers ont
quelquefois obfcurci tant de qualités rares
& brillantes, c'eft qu'il étoit homme. L'anti-
quité eût mis COLOMB au rang de fes demi-
dieux, & l'encens auroit fumé fur les autels
qu'elle lui auroit érigés.

E R R A T A.

p. 57 *ligne* 5 qui a le plus,
    lifez   qui a eu le plus.